THE FORTUNE

행운을 끌어당기는 관계론의 비밀

부와 성공을 동시에 거머쥐고 싶다면 반드시 읽어야 할 자기경영서

행운을 끌어당기는

관계론의 비밀

THE FORTUNE

백승헌 지음

평 단

성공을 끌어당기는 행운의 공식

꿈이 현실이 되는 운명 개발 프로그램

6 관계론의 마스터키를 찾아라

행운을 끌어당기는 액션플랜

사주 관계론 진단법

아래의 질문에 현재 나의 인간관계를 체크해 보고, 이에 따라
이 책에서 제시하는 운명 개발 공식을 실전에서 활용해 보자.

선천적 관계론 측정법 　　　　　　　　　　체크

1. 현재 아버지와의 관계는 어떠한가?
　　① 이유 없이 거부감이 느껴지고 싫다 　□
　　② 부모자식 간에 정이 없다 　□
　　③ 보통이다 　□
　　④ 함께 있으면 편하다 　□
　　⑤ 깊은 존경심과 친밀감을 느낀다 　□

2. 현재 어머니와의 관계는 어떠한가?
　　① 이유 없이 거부감이 느껴지고 싫다 　□
　　② 모성애를 느끼지 못한다 　□
　　③ 보통이다 　□
　　④ 함께 있으면 편하다 　□
　　⑤ 언제나 큰 힘이 된다 　□

3. 형제자매와의 관계는 어떠한가?
　　① 자주 싸우고 마음이 맞지 않는다 　□
　　② 남처럼 느껴지고 우애가 없다 　□
　　③ 따뜻하고 다정하다. 　□
　　④ 함께 있으면 편하다 　□
　　⑤ 우애가 두텁고 큰 의지가 된다 　□

후천적 관계론 측정법

4. 배우자와의 관계는 어떠한가?
　　① 이유 없이 거부감이 느껴지고 싫다 　□
　　② 부부 간에 정이 없다 　□
　　③ 보통이다 　□
　　④ 좋은 배우자라고 생각한다 　□
　　⑤ 다시 태어나도 또 결혼하고 싶다 　□

5. 자녀와의 관계는 어떠한가?
　　① 모든 행동이 맘에 들지 않는다 　□
　　② 애정이 느껴지지 않는다 　□

③ 보통이다 ☐
④ 사이가 좋은 편이다 ☐
⑤ 함께 있으면 행복하다 ☐

사회적 관계론의 측정법

6. 스승이나 선배와의 관계는 어떠한가?
   ① 친한 스승이나 선배가 없다 ☐
   ② 스승(선배)이 있으나 자주 만나지는 않는다 ☐
   ③ 보통이다 ☐
   ④ 자주 만나며 교류하는 편이다 ☐
   ⑤ 깊은 신뢰와 존경심을 가지고 있다 ☐

7. 친구나 동료와의 관계는 어떠한가?
   ① 특별히 친한 사이가 없다 ☐
   ② 관심사를 이야기할 정도의 사이다 ☐
   ③ 보통이다 ☐
   ④ 마음을 터놓을 수 있는 사이다 ☐
   ⑤ 가족처럼 생각한다 ☐

8. 친한 후배와의 관계는 어떠한가?
   ① 특별히 친한 사이는 없다 ☐
   ② 가끔씩 연락하고 지내는 정도이다 ☐
   ③ 보통이다 ☐
   ④ 필요할 때만 서로 도움을 주고받는다 ☐
   ⑤ 가족처럼 생각한다 ☐

9. 귀인과의 관계는 어떤가?
   ① 특별히 도움을 주거나 청할 일이 없다 ☐
   ② 필요한 정보를 주고받는 정도다 ☐
   ③ 보통이다 ☐
   ④ 필요한 자금을 빌려 준다 ☐
   ⑤ 어려움에 처하면 언제든지 달려온다 ☐

관계론의 체크 및 결과 보기
- 각 점수 배정 : 각 점수는 ①은 1점, ⑤는 5점으로 계산하여 각 항목 당 최고 점수는 5점이다.
- 평가 결과 : 최상의 관계론은 40점 이상, 보통의 관계론은 39~29점, 최악의 관계론은 15점 이하이다.

운명은 타고나는 것이 아니라
관계를 통한 선택이다!

사주는 우리나라의 대표적인 이면문화다. 겉으로는 부정하고 드러내기를 꺼리면서도 내면적으로는 알게 모르게 인정하고 궁금해하는 심리가 사람들의 마음속에 깔려 있다. 고수익을 올리고 있는 인터넷 유료 운세 사이트나 서점에 진열된 수많은 사주학 관련 서적들이 이러한 사실을 증명한다.

역학 코너를 가보라! 많은 사람들이 자신의 운명을 책에서 찾으려는 듯이 열심히 책을 뒤적이는 모습을 어렵지 않게 발견할 수 있을 것이다. 이러한 문화현상이 폭넓게 자리매김하고 있는 지금 '사주를 믿을 것인가? 부정할 것인가?'에 대한 기초적 의문은 넘어서야 하며 그 대신 현대에서 활용 가능한 사주의 가치를 찾아야 한다. 그렇게 함으로써 자기 혁신을 추구해야 한다.

이러한 관점에서 나는 기존 사주학의 운명 결정론의 한계와 의문을 해결하고 동시에 새로운 희망을 제시하는 '사주 관계론'을 통해서 사주학에 대한 새로운 패러다임을 제시하려고 한다. 그것은 이러한 사주 관계론은 한 사람의 사주로는 절대 예측할 수 없는 운세나 운명 개발에 대한 정보를 여러 사람들의 사주를 동시에 분석함으로써 좀더 정확한 판단을 내릴 수 있는 이론적 근거를 마련해 준다. 또한 사주 관계론은 사주를 떠나서 그 원리만 이해하고 실제로 활용하여도 성공적인 삶을 살 수 있는 지침이 된다.

사주 관계론은 인간의 운명은 고정된 것이 아니라 끊임없이 변화하고, 자신의 에너지 값과 관련된 사람들의 관계에 의해 많은 변수가 발생한다는 관점에서 출발한다.

운명은 한 사람의 사주만으로는 결정되지 않으며 운세 역시 고정된 것은 아니다. 한 사람의 사주는 기본적으로 그 사람의 에너지와 일치한다. 운세는 에너지의 수준을 의미하며 다른 사람과의 관계에 따라 언제든지 변수가 생길 수 있기 때문에 인간은 무한한 가능성을 가진 존재라 하겠다.

기존의 사주로 보는 운세는 다른 사람과의 관계에 따른 에너지 변수를 고려하지 않고 있다. 따라서 이 경우 미래 예측은 불완전할 수밖에 없다. 누군가의 자식이자 남편이며 아버지인 한 개인이 오직 자신의 에너지만으로 살아가지는 않는다. 부모의 에너지, 아내와 자녀의 에너지 등이 상호 작용해서 에너지 수준이 정해지며 운세나 운명이 달라진다.

이러한 관점으로 보면 사주 관계론의 토대는 한 사람의 사주는 개인 에너지 수준의 일부분일 뿐이고 주변 사람들의 에너지 변수를 계산해야 완전해진다는 사실을 알 수 있다.

퍼즐게임에서 한 조각만으로 전체를 알 수 없는 것처럼 개인의 사주만으로는 인생 전체를 판단할 수는 없다. 오류를 최소화하고 한 사람의 인생을 제대로 이해하려면 주변 사람들과의 관계를 중심으로 예측하고 판단해야 한다.

그렇다면 과연 한 사람의 사주를 중심으로 주변 관계를 분석하면 운명을 예측할 수 있을까? 사주 관계론으로 보면 운명 예측이 가능해지고 나아가 운명 개발을 할 수 있는 방법론을 찾을 수 있다. 예를 들어 어떤 사람이 '거지 팔자'로 태어났다고 가정해 보자. 비록 타고난 팔자가 거지라 해도 관계론을 잘 형성하고 에너지 수준을 높이면 부자가 될 수 있다.

곧 운명은 고정불변이 아니라는 뜻이다. 사주에서 '거지 팔자'라는 것은 타고난 에너지 그릇이 작다는 것을 의미할 뿐, 결코 거지로 살아야 한다는 운명 결정론은 아니기 때문이다.

이 책은 사주에 대한 이러한 잘못된 인식을 바로잡고 자신의 가능성을 새롭게 발견하는 데 도움을 줄 것이다. 사주 관계론으로 보면 거지 팔자를 타고난 사람도 에너지 수준을 강화하여 최대한 노력한다면 좋은 관계론을 통해 부와 성공의 비밀을 풀고 행운을 끌어당길 수 있다는 의미가 내포되어 있다.

이런 의미에서 사주 관계론은 운명에 대한 패러다임을 획기적으로 바꿔 놓았다고 할 수 있다. 한 사람을 중심으로 주변의 관계에 의한 에너지 변수를 고려하여 에너지 수준을 계산할 수 있다면 구태여 운세를 예측할 필요가 없다. 그 대신 관계론을 통해 예측이 가능한 삶을 만들어갈 수 있고 자신의 운명을 새롭게 개발할 수도 있다.

사주학을 과학화한 서양의 바이오리듬을 보자. 이것 역시 타고난 생년월일시에 따라 개인의 바이오리듬을 제시하고 지성, 감성, 신체 리듬의 차이를 보여 주지만 운명론은 아니다. 거기에는 한 개인의 바이오리듬을 미리 알고 리듬을 바꾸는 노력으로 성공 변수를 만들 수 있는 원리가 깔려 있다.

사주학도 바이오리듬과 유사하다. 그러나 기존 사주학은 운명을 논하고 한계를 설정하며 결과를 예측하고자 하는 잘못을 범하기 때문에 문제가 발생한다.

반면 사주 관계론은 인간에게 발상의 전환을 통해 운명을 무궁무진하게 개발할 수 있다는 가능성을 갖게 한다. 즉 동양 철학에서 엄연히 맥을 잇는 학문으로서 전대미답의 영역으로 '운명의 개발' 이라는 새로운 패러다임을 구축한 것이다. 또한 사주 관계론은 자기개발 분야에서 인성을 파악하는 프로그램이나 심리 상담의 한계를 획기적으로 보완하고 있다.

자신의 운명을 스스로 개발할 수 있다는 것은 주지의 사실이지만 그 구체적인 원리와 실행 지침을 이해하는 것이 훨씬 더 중요하다.

나는 사주 관계론을 연구하기 위해 지난 30년간 '운명Fortune' 이라는 화두에 매달렸다. 가난한 시골 출신으로 성공을 향한 꿈을 꾸며 어떻게 하면 운명을 개척할 수 있을지 오랫동안 의문을 품었고 현재 '관계론' 에서 명쾌한 해답을 찾아냈다.

곧 사주학으로는 운명을 확정할 수 없지만 사주 관계론의 원리를 이해하면 자신의 운세를 만들어 갈 수 있고 운명도 개발할 수 있다는 사실말이다.

실제로 운명은 개발할 수 있고 운명 개발 프로그램을 통해 새롭게 변화시킬 수 있다. 행운과 불운은 오롯이 자기로부터 결정되며, 자신의 에너지 수준에 따라 운명을 만들어 갈 수 있다는 사실은 인간에게 큰 희망이다. 그것뿐만이 아니다. 중요한 것은 사주를 보지 않고도 관계론을 제대로 이해하기만 하면 엄청난 변화와 발전을 이룰 수 있다는 사실이다.

이 책은 사주학의 원리를 절대적으로 주장하지도, 그 논리를 검증하고 있지도 않다. 대신 동양 철학의 흐름에서 면면히 흐르고 있는 사주학의 지혜를 살려 이 시대를 살아가는 모든 사람들에게 '운명 개발'이라는 희망의 메시지를 던지고 있다. 또한 혼자만의 생존을 고민하기보다는 관계론의 개념을 올바르게 이해하면 누구나 다른 사람과 행복하게 공존할 수 있다는 사실을 강조하고 있다.

이 책은 수많은 사람들과의 인터뷰와 상담을 통해 나온 결과물이다. 그들 모두가 관계론 연구에 직·간접으로 큰 도움을 주었다. 그들이 있었기에 오늘 이 책이 빛을 보게 되었다.

이 연구에 가장 큰 도움을 준 성균관대학교 유재봉 교수님과 박헌 교수님, 김지영 님과 뉴욕의 김진성 님, KBS 김학수 님, 대전의 이경숙 님에게 깊은 감사의 말씀을 드린다.

또 이 책을 기꺼이 출간해 준 평단문화사 사장님을 비롯, 이 책을 기획하고 편집하는 데 수고를 아끼지 않은 출판사 직원 모두에게 고마움을 전한다. 그리고 딸 윤지와 아들 장윤에게도 뜨거운 사랑을 전한다.

마지막으로 이 책을 읽는 많은 독자들이 자신이 꿈꾸는 꿈과 소망을 이루어 지상의 삶에서 천국의 기쁨과 행복을 얻을 수 있기를 진심으로 기원한다.

2009년 1월
의산 백 승 헌

Chapter 01

운명론에서 관계론으로
'생각' 이동을 하라

・
・
・
・
・

소문난 점집에 속지 마라

✦ 운명은 타고난 것이 아니라 관계를 통한 선택일 뿐이며 누구나 자신의
내면을 일깨우고 운명을 개발하면 위기를 극복할 수 있다.

세상을 읽는 에너지의 흐름, 사주

"당신은 거지 사주를 타고 났소. 앞으로 숟가락 하나도 제대로 들지 못할 거요. 내가 사주학을 오래 공부했으니 확실할 거요."

"앞으로 언제까지 그렇게 살겠습니까?"

"평생 그렇게 살아야 할 팔자요. 운명이 이러하니 절에 가든지 아니면 빌어먹든지 해야 할 것이오."

너무 황당한 사주풀이에 놀란 내가 재차 물었다.

"공부를 열심히 해서 운명을 개척하면 안 되겠습니까? 무조건 팔자 탓으로 돌리는 대신 무슨 방도가 있어야 하지 않겠습니까?"

"무슨 공부를 한단 말이요, 공부할 팔자가 아닌데⋯⋯. 공부도 운이 있어야 하는 것이라오. 방법이라면 미리 팔자에 맞게 절로 들어가든지, 기술을 익혀 자기 분수에 맞게 사시오."

당시 상당히 용하다(?)고 부산 일대에서 소문이 자자하던 '박장 철학관' 점쟁이의 말은 날카로운 비수가 되어 내 심장에 꽂혔다. 그로부터 20년이 지난 지금에도 나는 그의 확신에 찬 표정과 말투를 잊지 못하고 있다.

그의 사무실에서 나오는 꼬불꼬불한 골목길은 한낮인데도 어두컴컴하게 느껴졌고 무너질 듯한 하늘은 노랗게 보였다. 두려움과 분노가 엄습했다. 가난하고 불우했던 성장기, 대학에서 제적 당한 한계 상황! 당시 어디에도 내 인생의 비상구는 보이지 않았다.

그로부터 20여 년이 흐른 지금 나는 어렵게 대학을 졸업하고 석사 학위를 받은 후 성균관대학교 대학원에서 박사과정을 수료한 상태다. 그 당시 점쟁이에게 들었던 충격적인 말이 오히려 자극이 되어 더욱 더 공부에 매진할 수 있게 된 것이다.

지금 와서 그 당시를 돌이켜 보면 부정적 암시를 받은 후 운명에 굴복하지 않겠다고 이를 악물고 노력한 면도 없지 않지만 여전히 씁쓸한 심정을 감추기는 어렵다. 오랫동안 역학 공부를 한 사람의 관점에서 볼 때도 역술인의 부정적 암시는 큰 문제다. 사소한 것 같지만 남의 인생에 평생 잊지 못할 언어폭력을 가한 것이라고나 할까.

사실 내 경우와 같이 부정적 암시를 주는 사주 감정의 영향력이 인생에 전화위복이 되기란 쉽지 않다. 오히려 부정적 암시가 무의식에 각인되어 치명적인 생채기를 남기기 쉽다.

물론 나도 앞이 보이지 않을 만큼 힘들 때 사주 감정으로 기운을 차린 적이 있다. 나를 정통 역학계로 이끌어 준 백도인 이우영 선생이 하루는 내게 다음과 같은 말을 해주셨다.

"자네는 좋은 세상을 살게 될 거야. 자네는 현재 천시 받고 있는 사주학을 새롭게 재조명해서 앞으로 크게 이름을 떨치게 될걸세. 장차 동양 역학계를 움직이는 훌륭한 인물이 될 게 분명해."

당시 그는 내 미래를 긍정의 언어로 예견했다. 말뿐만 아니라 실제 나를 믿고 자신이 40년간 연구한 자료와 비법을 전수해 주며 '운명Fortune'을 보는 올바른 관점을 심어 주셨다.

앞서 언급한 내 사주에 대한 두 개의 감정 사례를 비교해서 살펴보면 하나의 사주를 두고 사람에 따라 얼마나 다른 감정을 할 수 있는지 알 수 있을 것이다. 이것이 사주를 보는 역술인들의 현주소다.

부정적 암시를 받거나 희망이 되는 말들 사이에서 어떻게 진실을 찾아야 할까? 여기 가서 이런 말을 듣고 저기 가서 저런 말을 듣는다면 기준점을 정하기 힘들다. 그럴 바에야 차라리 사주를 보지 않는 것이 낫다!

하지만 호기심을 억누를 수 없거나 이미 사주의 부정적 암시에 걸린 사람들은 어떻게 해야 할까? 이 경우 문제의 해답을 찾기란 쉽지 않다.

내가 이 책을 집필하고자 결심한 이유가 여기에 있다. 운명이나 사주학에 대한 올바른 관점을 알리기 위해서다. 즉 운명은 결코 타고난 것이 아니라 관계를 통한 선택일 뿐이며 누구나 자신의 내면을 일깨우고 운명을 개발하면 위기를 극복할 수 있다는 행복한 공존법을 제시하고 싶었다. 사주에 관한 진실의 행방을 찾고 나아가 사주학의 원리를 잘 활용하면 그 순간 운명의 주인공은 바로 당신이 된다!

운명 탄생의 비밀

인간은 누구도 운명Fortune이란 말에서 자유로울 수 없다. 보통 외부 영향이나 내면의 의식 또는 다른 여러 요인들로 운명이란 단어를 붙잡게 된다. 특히 불우한 가정환경에서 자랄 경우 운명에 관심을 기울일 가능성이 훨씬 더 높아진다.

내 경우 열한 살 때 바로 옆에서 잠을 자던 두 살 터울 누나가 갑자기 죽어가는 것을 목격하면서부터 운명에 관심을 갖게 되었다. 당시 주변 사람들은 우리 가족에게 타고난 명줄이 짧아서 생긴 일이라며 위로의 말을 건넸지만 나는 그 기억을 오랫동안 지울 수가 없었다.

그 이후에도 현실은 나아지지 않았다. 아버지의 폭력과 욕설이 난무한 가정환경 탓에 자살을 생각할 정도로 암울한 성장기를 보냈다. 그로 인해 '운명'이란 단어에 깊은 관심을 쏟게 되었고 중학교 때부터 본격적으로 운명이란 화두를 잡고 사주학에 심취했다.

그 당시 한 사람만의 차별화된 운명적 논리를 주장하는 사주학은 내게 대단히 매력적으로 다가왔다. 이는 드물게 학문적 체계가 명확하게 잡혀 있었을 뿐만 아니라 적중률 또한 상당히 높았기 때문이다.

실제 사주학에는 철저히 '주관적'이며 '개인적'인 영역이 있다. 한 사람의 운명에 대해서 사주학만큼 다양한 관점으로 설명하고 예측할 수 있는 학문도 없을 것이다. 한 번쯤 사주를 본 사람이라면 그 독특한 신비감과 재미를 잘 알 것이다.

나 역시 처음 사주학을 공부할 때 미친 듯이 빠져 들었으며 밤낮없이 공부에 몰두했다. 사주로 보는 성격, 적성, 건강을 비롯한 여러 가지 특성들이 딱 들어맞자 신통하다는 생각이 들었다. 그때부터 운명에 대한 실체를 규명하고야 말겠다는 의지를 불태웠다.

《적천수》,《명리정종》,《궁통보감》,《연해자평》,《자평진전》,《사주첩경》,《명리정종》《사주추명가》 등 사주학에 관한 모든 서적을 섭렵했다.

그중 사주학의 정수Core로 알려져 있는 《적천수》는 1백 번 이상 읽었기 때문에 모든 구절을 외울 정도다. 일본의 아베 다이장阿部泰山이 중국의 사주학 서적을 수집해서 분석하고 연구하여 새로운 학설을 세운 것이 추명학운명을 추리하는 학문인데, 그의 사후에 제자들이 간행한 《아베 다이장 전집阿部泰山全集》의 한국 번역본 《천고비전》도 달달 외울 정도로 공부했다.

심지어 사주 책을 베고 자거나 가슴에 품고 잠들었고 불을 끈 후에도 공부를 계속했다. 수백 개의 사주를 외우고 있었기 때문에 바둑에서 복기를 하는 것처럼 사주를 머릿속에 외운 상태로 이치를 연구하기도 했다.

그런데 이상하게도 사주학을 깊이 연구하면 할수록 운명 결정론에 대한 한계가 더욱 뚜렷하게 다가왔다. 사주 원리로 푸는 개인의 성격, 적성, 건강에 대한 분석은 정확한 편이었다.

하지만 운세 예측에 문제가 많았고 부모형제를 비롯한 인간관계도 맞지 않았다. 한 인간의 운명이라는 인생 전체 맥락은 짜맞추기 수준에 불과했다.

그렇다면 사주학의 진정한 실체는 무엇일까? 당시 나는 엄청난 노력과 연구에도 불구하고 사주학의 실체를 알 수 없어 괴로워 하며 당시 용하다는 역술인은 모조리 찾아다녔다.

하지만 소위 사주학의 대가라는 사람들 중 그 누구도 내 운명을 제대로 감정하는 사람을 만날 수가 없었다.

당시 내가 운명 결정론을 규명하기 위해 쏟아 부은 돈만 해도 아마 대학 4년치 등록금은 너끈히 될 정도다.

그럼에도 불구하고 사주학 어디에서도 운명 결정론의 논리를 찾아낼 수 없었다.

대학에서는 학문의 뿌리라고 할 수 있는 철학^{서양 철학을 전공했고, 대학원에서는 동양 철학, 특히 《주역》의 음양론을 연구}과 인류의 문화 유산인 지식과 그들의 성장을 연구하기 위해 교육학을 전공했다. 그리고 운명과 인체의 연관성을 찾기 위해 대학과 대학원에서 한의학을 연구했으며 인간의 사고와 행위의 관계를 이해하기 위해 심리학과 경영학을 공부했다.

특히 심리학 공부는 성장기 아버지의 폭행과 폭언으로 인한 심리적 외상을 치유하기 위해 필사적으로 매달렸다. 임상 심리학에서 상담 심리학까지 두루 공부하며 나 자신의 심리적 외상을 치유했고 심리적 행동 장애를 극복하기 위해 행동 과학 서적도 즐겨 탐독했다.

사주에 대한 오랜 공부 끝에 나는 기존의 사주 패러다임을 뒤엎는 진정한 사주의 원리, 즉 '운명은 예정된 것이 아니라 언제든지 개발할 수 있고 개척 가능한 영역'이라는 사실을 발견하게 되었고 사주의 운명 결정론에 대한 거대한 오류를 발견할 수 있었다.

사주학은 운명을 개척하기 위한 학문이자 타고난 별자리의 인력^{에너지 구성도}으로 자신이 누구인지, 어떤 에너지를 타고 났는지, 무엇을 해야 하는지를 찾는 것이 사주 원리의 핵심이라는 사실말이다.

이제 지금까지 당신이 알고 있었던 기존의 사고 패러다임을 재조명해야 할 때가 되었다!

개인 운명 창조의 법칙

✤ 사주학의 원리 하나만으로는 운명을 논단할 수 없을 뿐만 아니라 함부로 남의 운명을 예언해서는 안 된다.

운명과 에너지 흐름의 상관관계

"올해 운세 좀 봐주세요!"

가끔 이런 식으로 자신의 한 해 운세나 평생 사주를 물어오는 사람들이 있다. 그럴 때마다 나는 "절대로 사주를 보지 말라."라고 조언한다. 소위 이 분야 최고 전문가라는 사람이 아무런 설명도 없이 대뜸 '사주를 보지 말라'고 하면 처음에는 다들 의아해한다.

사주를 깊이 연구하다 보면 운명 결정론이나 운세를 부정할 수밖에 없는 4가지 변수를 발견하게 된다.

첫째, 관계론의 변수다. 주변 사람들과의 관계로 인한 에너지의 변수가 중요한 역할을 한다. 한 사람의 운세에너지의 흐름는 어떤 사람을 부모형제로 만나는지 혹은 어떤 배우자와 결혼하여 어떤 자녀를 두는지에 따라서 에너지의 플러스와 마이너스 작용 혹은 시너지 효과가 발생한다. 이때 변수가 생기므로 한 사람의 사주만으로는 운세를 예측할 수가 없다.

둘째, 풍수적 환경론의 변수다. 주거지의 변화나 환경의 변화로 운세를 결정하는 에너지의 변수가 있기 때문이다. 예를 들면 아토피, 비염, 천식 환자가 2008년 기준으로 700만 명이라는 보도가 있었다. 이 질환에 걸린 것만으로 에너지는 약화될 수 있으며 운세에 변수가 생긴다. 또한 자연 환경을 비롯한 음택묘지과 양택주거의 풍수적 조건이 변수가 되므로 사주만으로 운세를 예측하는 것은 힘들다.

셋째, 체질의 유전적 변수다. 체질의 유전론은 많은 변수를 가진다. 예를 들면 동일한 사주를 가지고 태어났더라도 비장애인과 장애인의 운세는 전혀 다르다. 한 사람의 타고난 체질은 에너지 수준을 나타내기 때문에 후천적 노력 여하에 따라 많은 변수가 발생한다.

넷째, 성명의 파장적 변수다. 성명의 파장에 따른 에너지 또한 강한 변수로 작용한다. 성명학은 소리 파장이라는 에너지 값을 가지기 때문에 운세에 주요한 변수로 작용한다.

이름을 불러줄 때마다 플러스 에너지가 생기는 사람과 마이너스 에너지가 작용하는 사람이 있는데 이때 변수가 발생하게 된다. 예를 들면 이승만 전 대통령은 한글 이름을 바꿨고 김대중 전 대통령과 김영삼 전 대통령은 한자 이름을 개명했다. 실제로 에너지는 빛, 열, 소리 파장으로 구성되어 있기 때문에 중요한 변수로 작용한다.

이러한 4가지 변수가 있기 때문에 사주 하나만을 보고 운명을 논하는 것은 불가능할 뿐만 아니라 그렇게 운세를 볼 필요도 없다. 실제 운세라고 하는 것은 운을 결정하는 에너지로, 한 사람의 사주만으로는 에너지의 흐름을 유추할 수 없고 그렇게 하기에는 한계가 있다.

나는 이러한 한계를 오래전에 발견했기 때문에 운세를 보지 말고 대신 '만들 것'을 강조해 왔다.

물론 개인의 사주를 통해서 체질, 성격, 적성을 파악하거나 개인의 에너지 수준을 알아보는 것은 가능하다. 그렇지만 앞서 살펴보았듯이 사주에서 운명 예측이나 운세가 맞을 수 없는 4가지 변수는 분명히 나타난다.

상식적으로 생각해 보라. 만약 사주의 운명 결정론이 정말 세상 이치에 맞는다면 왜 아직까지 정통 학문으로 인정을 받지 못했겠는가. 이는 수리, 통계, 변수를 객관적으로 검증하지 못했을 뿐만 아니라 운명 결정론에 대한 신뢰성에 결정적인 허점이 있기 때문이다. 아무리 사주 마니아들이 사주가 족집게처럼 잘 맞는다는 논리를 펴도 이는 부정할 수 없는 진실이다.

물론 동양 철학 중에서 천·지·인에 해당하는 사주학천문, 풍수학지리, 한의학인사의 이론적 근거는 인정한다. 그중에서 풍수학은 현재 홍콩을 중심으로 한 풍수 인테리어로 발전해 세계화에 성공했고, 한의학은 동아시아의 대표적인 의술로 자리매김을 했다.

그런데 왜 유독 사주학만은 아직까지 세계화에 성공하지 못했을까? 그 이유는 사주학의 운명 결정론이 이치에 맞지 않는 것은 물론이거니와 운명의 논리를 객관적으로 증명하지 못했기 때문이다.

진검 승부를 펼치다

사주를 신봉하는 동아시아 3개국의 사주를 보는 관점은 모두 다르다. 우리나라는 사주를 통해 운명의 이치를 연구하는 명리학으로, 일본은 운명을 추정하는 추명학으로, 중국대만은 운명을 계산하는 산명학으로 각각 발전했다. 이를 달리 말하면 운명의 '이치', '추정', '계산'이라는 논리에 어떤 한계가 있음을 나타내는 것임을 알 수 있다. 만약 사주가 진정한 학문적 체계가 확립되었다면 이치를 알려고 하거나 추정 혹은 계산을 할 필요가 없다.

당대 최고의 역학자로 평가를 받는 자강 이석영, 도계 박재완, 제산 박재현 선생조차도 그 화려한 명성에도 불구하고 운명 결정론의 객관적 원리를 검증하지 못했다.

정통 역학의 계보로 볼 때 나는 동양 최고의 역학자인 이석영 선생의 제자 이우영 선생에게 정식 인가를 받은 유일한 제자다. 학맥으로는 구한말과 일제 시대에 동양의 명인名人으로 불린 전백인 선생과 그의 수제자 김선영 선생이 있다. 자강 이석영 선생은 김선영 선생의 제자로 이우영 선생의 스승이다.

우연한 기회에 이석영 선생에게 사주 감정을 받은 이우영 선생은 다음과 같은 말을 듣게 되었다고 한다.

"자네는 사주 공부를 해야 할 팔자이니, 내게로 와서 공부를 하게나."

처음 이우영 선생은 코웃음을 쳤다고 한다. 당시 중학교 국어 교사로 교직에 몸담고 있었던 터라 사주팔자를 본다는 것은 꿈에도 생각할 수 없었다. 그러나 운명적으로 그는 다시 이석영 선생을 찾아가 제자가 되었다.

이상한 일은 스승 이우영 선생도 내가 찾아갔을 때 이와 비슷한 말을 했다.

"자네는 사주학을 연구해서 크게 이름을 떨칠 팔자니 사주 공부를 하게나."

당시 나는 사주 공부를 하고 있던 터라 흔쾌히 수락했다. 그리고 그의 지시에 따라 재야의 고수들을 만나 그동안 배운 사주 공부법으로 진검 승부를 펼쳤다. 사주학도 동양학의 다른 술법과 마찬가지로 유파流波, 풀이하는 방법가 많아 진검 승부는 필수였다.

그 당시 진검 승부를 겨루고 싶었던 최고의 대가는 부산의 제산 박재현 선생이었다. 그는 일명 '박도사'라고 불리며 전국적으로 명성을 떨치고 있었다. 나는 그를 여러 차례 찾아가 사주 감정을 받아 보았다. 그뿐만이 아니다. 거금을 들여 선생이 비밀리에 간직하고 있던 이론서와 사주 감정지 3천 개를 구입해 '사주 인연법'을 연구하기도 했다.

사주 인연법은 한 사람의 사주를 보면 무슨 띠를 배필로 만날지를 예측하는 방법으로 그를 역술계의 스타로 만들었다. 나는 그의 '사주 인연법'을 깊이 연구하여 사주의 체질과 에너지론의 기초로 삼았다.

이외에 격국용신법을 강조하는 부산의 허남원 선생을 비롯 사주 물상법, 천간법, 신살법, 계의신결법 등 각종 유파의 비법을 찾아 수많은 재야 대가들을 만났다.

이렇게 사주 감정을 받거나 대가를 만나서 연구한 끝에 사주 구조

법과 28체질론 그리고 에너지론의 체계를 완성하는 것으로 내 젊은 시절을 보냈다.

많은 역술인들을 만나보고 비법을 연구한 끝에 내가 내린 최종 결론은 그들이 인간의 운명을 제대로 감정해내지 못한다는 사실이었다. 그 대신 나는 사주학이 하늘의 천기天氣, 땅의 지기地氣 그리고 인간의 인기人氣를 결합한 기氣, 에너지론이라는 사실을 발견해냈다. 실제 사주학은 한 사람의 체질이나 성격, 적성, 건강, 에너지 수준을 볼 수 있는 에너지론으로 운명 개발의 핵심 개념이다. 그렇기 때문에 사주학의 원리 하나만으로는 운명을 논단할 수 없을 뿐만 아니라 함부로 남의 운명을 예언해서도 안 된다. 다만 사주학의 원리를 통해 체질을 개선하고 운세, 즉 에너지의 흐름을 변화시키며 미래를 만들어갈 수 있다.

추상적이며 불명확한 사주학의 운명 결정론이 아니라 실제적이며 명확한 사주학의 체질론과 에너지론이야말로 운명 개발의 키워드라 할 수 있다.

관계론, 21세기를 이끌 뉴패러다임

✤ 관계론의 모형을 제대로 형성한다면 무한한 우주 에너지를 끌어들여
얼마든지 원하는 것을 갖게 될 것이다.

삼성 이건희 전前 회장과 똑같은 사주 40명

사주 관계론이란 사주를 보는 새로운 관점으로, 한 사람의 사주만으로 에너지의 흐름을 알 수 없다는 전제하에 출발한다. 따라서 한 사람의 사주를 통해 운세를 알고 싶다면 그를 중심으로 하는 관계론의 모형을 좌표 지점에 놓고 분석해야 한다. 이러한 사주 관계론은 21세기를 사는 우리에게 새로운 패러다임이 될 것이다.

예를 들어 삼성 이건희 회장의 사주는 이병철 전 삼성 회장의 아들이라는 전제 없이 단순히 생년월일시만 가지고는 제대로 감정할 수 없다. 출생 인구 통계를 추산해 볼 때 이건희 회장과 동일한 사주는 우리나라에 적어도 40명 이상이 된다2004년 통계청 자료에 따르면 한 해 총 출생아 수는 47만 6,052명이고, 하루 평균 출생아 수는 1,301명이다. 신생아 출산을 12시간으로 나누면 108명은 똑같은 사주를 갖게 된다. 이건희 회장이 출생한 1940년대 우리나라 인구가 약

2,100만 명이라고 추산했을 때 2008년 현재 남한 인구 약 4,800만 명의 절반 이하라고 해도 최소 40명 이상은 된다.

또 다른 사례를 살펴보자. 김영삼 대통령이 취임한 지 얼마 지나지 않아 TV에서 재미있는 프로그램을 방영한 적이 있다. 당시 막 대통령이 된 김영삼 대통령과 동일한 사주를 가진 노숙자를 찾아내어 깨끗한 신사복으로 갈아입히고는 여러 명의 역술인을 찾아가 사주를 보게 했다. 예상할 수 있듯이 사주 감정 결과는 아주 다양했다. 만약 사주가 한 사람의 미래를 정확히 예측할 수 있다면 김영삼 전 대통령과 동일한 사주를 가지고 있는 사람도 대통령이 되었어야 한다.

결론적으로 말한다면 대통령이 될 사주가 따로 있는 것은 아니다. 물론 사주에 노숙자가 될 운명이 나와 있는 것도 아니다. 그럼에도 불구하고 대부분의 역학자나 역술인들은 사주학의 부정확성을 인정하지 않는다. 그 대신 명당 발복 發福 운이 틔어서 복을 받는 것이나 성명학 등의 여러 외부적 요소들을 끌어들여 사주의 운명 결정론이 가지고 있는 한계를 합리화하려 든다. 과연 이것만으로 운명 결정론의 논리적 오류와 한계를 극복할 수 있을까? 절대 불가능하다. 사주학은 그 자체로 독립된 학문이기 때문에 다른 학문을 통해서 정당성을 획득할 수는 없다.

11년 전 나는 '사주 운명론, 절대 믿지 말라'는 내용의 책에서 이것에 대해 이미 주장한 바 있다. 사주학은 철저하게 천문학적 구조로 이루어져 있다. 한 사람의 사주는 하늘의 별이 땅에 내려온 것 같은 존재론을 전제할 때 비로소 성립될 수 있다. 따라서 삼성 이건희 회장의 사주는 창업주고 이병철 전 회장의 사주와 그 어머니, 형제들

그리고 부인 홍라희 여사와 아들 이재용이라는 별의 구성도, 즉 관계론의 모형을 통해서만 유의미하다.

　인간이 혼자 살아갈 수 없듯 사주도 마찬가지다. 따라서 관계론의 관점에서 총체적으로 살펴봐야 정확히 알 수 있다. 사주학의 관계론은 엄격하게 에너지 영역Circle을 적용한다. 예를 들면 자식이 한 명 생기면 그 아이와의 관계를 통해서 부부 간 역학적 구도가 달라진다. 실제 주변에 보면 자식이 태어나면서 부부 사이가 화목해지는 경우가 있다.

　반면에 아이가 태어나면서 즉시 헤어지는 경우도 있다. 인간은 우주 에너지를 받은 소우주 에너지를 지닌 존재이기 때문에 당연히 어린아이 한 명의 탄생에도 집안의 에너지에 변화가 생기게 된다. 그렇기 때문에 사주 관계론을 배제한 개별적 사주가 맞을 수 없다.

　개별적 사주를 통해 정확하게 알 수 있는 것은 개인의 타고난 체질뿐이다. 그 이유는 탄생 시점에 부여받은 우주 에너지는 한 존재만의 고유하고 개별적인 것이기 때문이다. 그 밖의 운명적인 요소는 관계론을 통해서 전개된다. 지금 이 시간에도 생년월일시가 동일한 사주가 하루에 최소 108개씩 동시에 태어난다.

가난하다고 꿈조차 가난할 수는 없다

　동일한 사주를 가진 사람들은 수없이 많다. 그들을 추적하여 분석해 본 결과 타고난 체질, 즉 성격, 적성, 건강 상태, 에너지는 모두 비숫했다. 하지만 사주 관계론에 따라 그들의 운세에 변수가 발생했다.

한 사람의 '생존'은 다른 누군가와의 '공존'을 통해서 구축되며 별자리처럼 관계론을 구축해서 운세에 영향을 미친다. 개별적인 운명학으로서 사주가 아니라 관계론 속에서 자신의 포지션과 발전 프로그램이 존재한다. 그것은 인간에게 운명이라는 한계를 뛰어 넘어 운명 개발이라는 무한한 희망을 제시한다.

혹시 사주가 좋지 않다고 낙담하고 있지는 않은가? 그렇다 할지라도 자신의 가난한 사주에 좌절하지 마라. 대신 타고난 에너지 수준을 높여 좋은 관계론을 형성한다면 얼마든지 부와 성공을 끌어당길 수 있다.

구태여 비싼 돈을 들여 사주를 보고는 절망할 필요 없다. 또 자신의 가능성에 선을 긋지 마라. 관계론의 모형을 제대로 형성한다면 무한한 우주 에너지를 끌어들여 얼마든지 원하는 것을 갖게 될 것이다.

'바넘 효과'에 속아 우는 사람들

"사주, 절대로 보지 마라."

이렇게 단호하게 말하는 이유는 앞서 말했듯이 사주학의 원리를 부정해서가 아니다. 사주학은 나름대로의 논리적 체계가 있는 학문이다. 하지만 이는 농경민족의 유산으로 운명을 '고정된 것'으로 보았기 때문이다. 운명 자체가 어떻게 고정될 수 있겠는가.

우리나라 사람들은 일이 잘 안 풀릴 때 흔히 '팔자 탓'을 하는 버릇이 있다. 이 경우 실제 사주를 보러 가면 영락없이 운이 좋지 않다는 감정 결과를 받게 된다. 왜 불운과 사주팔자가 그토록 긴밀하게 연결되어 있는 것일까?

사주를 분석해 보면 그 이유를 구체적으로 알 수 있다. 사주를 볼 때 쓰이는 각종 방법에서 격국, 용신, 신살 혹은 12운성 등의 60퍼센트 이상이 부정적이다. 여기서 좋은 오행을 길성吉星이라고 하고 나쁜 오행을 흉성凶星이라고 구분하는데 이것 또한 확률적으로는 반반 인 것 같지만 실제 뚜껑을 열어보면 60~80퍼센트 이상이 흉성이다.

3,000개나 되는 신살은 대개가 나쁜 것으로 가득 차 있고, 12운성은 12개 중 좋은 것은 고작 4개 정도다. 격국에서 용신과 희신도 6개의 육신6개의 오행 중에서 좋은 것은 2개 정도이고 나머지는 나쁘거나 혹은 보통 이하다. 이쯤 되면 대격대단히 좋은 사주과 대길대단히 좋은 운을 찾아낸다는 것은 낙타가 바늘귀를 통과하는 것처럼 어렵다고 하겠다.

혹시 좋은 일로 점집이나 철학관을 기웃거린 적이 있는가? 십중팔구 뭔가 일이 잘 안 풀리거나 자신이 없을 때 찾아가는 곳이 철학관이다. 좋은 일로 사주를 보러가는 가는 사람은 전체의 10퍼센트도 안 된다. 나머지 90퍼센트 이상은 근심거리를 들고 그곳에 간다.

인터넷 검색어를 보면 '살풀이, 사주풀이'라는 단어가 꽤나 많다. 살풀이, 말만 들어도 섬뜩하지 않은가. 제왕에서 거지까지 사주에 살殺, 나쁜 에너지의 작용이 들어있지 않은 사람은 없다. 따라서 살풀이라는 것 자체가 무의미하다.

기존 사주학의 기본적인 논리 체계에도 문제가 있다. 한 사람의 사주만으로 우주 에너지를 논하거나 더 나아가 이 복잡한 세상에서 국가와 사회적 관계까지 아우르는 것은 불가능한 일이다. 따라서 한 사람의 사주만으로 그 사람의 운명을 맞힌다는 것은 무리다.

그럼에도 불구하고 많은 사람들이 사주를 볼 때 "어디 한 번 맞혀 봐."라는 식으로 접근한다.

숨은 그림 찾기보다 수십 배나 어렵고 복잡한 인생 방정식을 은연중에 역술인들에게 풀어달라고 요구하는 것이다. 과연 그들이 맞힐 수 있을까? 설령 누군가 신묘하게 맞혔다면 그건 확률에 근거한 추측이나 눈치 또는 '통밥' 정도라 할 수 있다. 사실이 이러한데도 우리 주변에는 용하다는 평가를 받거나 실제 대단하다는 평가를 받는 역술인들이 꽤나 있다.

점집을 찾는 사람들은 소위 '도사'들이 누구에게나 해당되는 뻔한 말을 하는데도 어떻게 그렇게 족집게처럼 잘 맞히는지 놀랍다는 표정을 짓기도 한다. 이것은 심리학에서 말하는 바넘 효과Barnum effect, 사람들이 보편적으로 가지고 있는 성격이나 심리적 특징을 자신만의 특성으로 여기는 심리적 경향라 할 수 있다. 즉 사주풀이를 할 때 역술인이 일반적인 '암시 언어'를 사용하면 듣는 사람이 알아서 자신의 상황과 연계하여 운명적으로 해석하는 것이다.

한때 신문의 운세풀이 지면을 모두 장악할 정도로 유명한 역술인 모씨의 경우가 대표적인 인물이다. 그는 막노동을 하다가 몸을 다쳐 일을 할 수 없게 되자 궁여지책으로 역학을 몇 개월 배워 개업한 사람이다.

그는 놀라울 정도로 넘겨짚기에 뛰어났다. 그가 하는 말을 분석해 보면 대부분 부정적 암시의 바넘 효과를 유도하는 것들이었다.

"남편이 바람났구만!"

상담자가 깜짝 놀라며 대답했다.

"그럴 리가 없어요. 얼마나 착실한데요."

그는 욕설 섞인 말로 호통을 쳤다.

"어허, 뒷조사 해봐. 틀림없어. 운세가 그렇게 돼 있어. 남편이 매너가 좋고 말을 잘하네."

이 말을 들은 직후 상담자가 조용해졌다. 보통 부인들은 자기 남편이 밖에서는 매너가 좋고 말을 잘한다고 생각하기 때문에 이러한 말로 '바넘 효과'를 유도한 것이다. 그 다음부터 그의 말은 술술 먹혔다.

"사람은 좋은데 돈이 안 붙구만."

"한다고 노력은 하는데, 사람들이 알아주질 않네요."

"돈이 줄줄 새나가고 있어."

"부모 덕이 없어서 꿈을 제대로 못 이루겠군."

"역마살이 있어 여기 저기 돌아다니겠어."

열거하자면 끝이 없다. 누구에게나 해당하는 말인데도 상담자는 자신에게만 해당된다고 믿어 버린다.

누구에게나 통용되는 말을 던지며 교묘하게 '바넘 효과'를 유도하던 그는 어느새 용한 사람이 되어 있었다.

한 사람의 사주에서 미래를 정확히 끄집어내는 것은 사실상 불가능하다. 가끔씩 뛰어난 직관력과 눈치로 족집게처럼 맞히는 사람도 있지만 학문으로서 사주학으로는 절대 불가능하다.

만약 진지하게 인생 상담을 하거나 미래 설계에 도움이 되는 상담을 받으려면 절대 '맞혀 봐'식의 기대는 하지 마라. 진정한 인생 상담은 주변의 관계나 미래 설계를 구체적으로 도와야 하며, 현실적으로 실현가능한 대안을 제시해 주어야 한다. 구체적이고 긍정적이지 않을 바엔 차라리 가까운 친구나 형제들을 찾아가서 수다를 떠는 것이 낫다. 아니면 TV 토크쇼 '무릎팍 도사'처럼 솔직담백한 대화를 통한 상담이 훨씬 효과적이다.

"때를 기다려라."

이는 도계 박재완 선생이 자주 사용했던 말이다. 이 말이 어떻게 상담이 될 수 있는가. 불운에는 절대 기다려선 안 된다. 오히려 성장의 시기라 여기고 적극적으로 공부를 해야 한다. 가장 보편적인 방법으로 학문, 기술, 사교술, 언변술 등이 있다. 꿈과 목표를 세우고 공부를 하면서 희망을 찾아야 한다.

운명은 자신이 적극적으로 개척해 나가는 것이다. 때는 기다리면 오는 것이 아니라 순간순간이 언제나 최고의 기회다. 그렇기 때문에 혹시 '운세가 흉하다'라는 말을 들었다면 당장 성장을 위한 준비를 하라는 중요한 메시지로 받아들여라. 때는 기다리는 것이 아니라 준비의 기간인 것이다.

흉한 시기가 오면 한 단계 도약하는 준비와 성장의 시기로 삼아라. 흉하다고 몸을 사릴 것이 아니라 그때야말로 스스로를 성장시킬 기회라 생각하고 에너지 수준을 강화해야 한다.

단숨에 운명을 바꾸는
관계론의 힘

✤ 홀로 빛나는 별자리가 존재하지 않는 것처럼 한 사람의 사주만으로 운세를
예측하거나 만들어가는 것은 불가능하다.

서서히 드러나는 관계론의 비밀

노예 해방 140년이 지난 이후 미국의 첫 흑인 대통령이 된 버락 오바마를 살펴보자. 그는 홀로 빛나는 별이었을까? 절대 그렇지 않다. 대통령이 되는 과정에서 무수히 많은 관계론을 통해 성장하고 발전했다. 사실 성장기 오바마의 환경은 대단히 척박했다.

오바마는 백인 어머니와 흑인 아버지 사이에서 태어났으며 부모의 이혼으로 열 살 이후부터는 외가에서 자랐다. 얼마 후 그의 아버지는 케냐에서 교통사고로 사망했다.

기본적으로 그가 성공할 수 있도록 도와준 별자리는 그의 어머니와 아내 그리고 두 명의 딸들이었다. 하지만 이외에도 그를 중심으로 관계론의 모형을 만들면 수천, 수만 명이 그가 대통령이 되기까지 에너지를 불어넣었다.

그렇다면 과연 오바마는 대통령이 될 기운을 타고 났을까? 결코 그렇지 않다. 그가 대통령이 될 수 있었던 것은 그의 별자리사주를 둘러싼 별자리주변 사람들의 사주들이 빛을 더했기 때문에 비로소 가능했다.

사주 관계론의 관점에서 보면 고아라고 해도 예외는 없다. 고아에게도 뿌리가 되는 부모는 있으며 그의 마음속에 있는 별자리에는 여전히 영향을 미친다.

하늘의 이치는 곧 땅에서 나타난다

관계론 속에서 보는 한 사람의 체질과 에너지의 수준에는 무수히 많은 변수가 존재한다. 실제 수학적으로 변수의 에너지 값을 적용해 보면 적중률이 아주 높다. 그 까닭은 관계론의 모형을 활용하면 현실적 좌표와 한 사람이 서 있는 지점이 명확해지기 때문이다.

기본적으로 사주는 관계론의 모형을 통해서 운세의 흐름이 연결되기 때문에 통합적으로 상담에 임해야 한다. 농경시대처럼 인간관계가 단순할 때는 예측이 쉽다. 하지만 지금은 21세기, 디지털 유목민 시대다. 따라서 개인의 에너지와 관계론 속에서 정확한 포지션을 찾아 자신의 현재와 미래를 면밀히 분석해야 한다.

실제 관계론을 정확히 이해하면 어렵지 않게 현실적인 문제들을 풀어갈 열쇠를 찾을 수 있고 이것은 곧 미래 계획을 세우는 데 도움을 준다.

이런 측면에서 사주 관계론은 동양 철학 3,000년 역사에서 가장 혁명적인 패러다임이자 최고의 실증적 이론이라 할 수 있다.

지금까지 자신의 사주만 보고 '운이 있니 없니' 말했다면 당장 생각을 전환하라. 그 대신 관계론을 통해 새로운 운명을 창조하여 새로운 미래를 꿈꾸어라. 꼭 사주를 봐야겠다면 먼저 사주의 근본 원리를 이해하고 그것을 바탕으로 관계론적 접근을 통해 자신의 삶을 스스로 만들어가는 것이 성공으로 가는 지름길이다.

운명의 한계를 뛰어넘다

❀ 우리는 자신에게 닥치지 않은 일을 미리부터 걱정하여 도전도 해보지 않고
그냥 그 암시에 걸려 넘어지고 만다.

역사상 최고의 점괘, '너 자신을 알라!'

한 개인이 하늘에서 뚝 떨어진 존재가 아니라면 한 사람의 사주만으로 운명을 논하는 것은 사실상 불가능하다. 그런 방법으로는 개인 운명의 포지션을 잡을 수 없을 뿐 아니라 통계학적 오차 범위가 광범위해져 자신과 상관없는 수많은 부정적 암시를 듣게 된다.

사주풀이의 이러한 점을 경계해야 한다. 특히 무한한 가능성이 있는 젊은이들에게 부정적인 사주 감정은 치명적인 결과를 가져오기 쉽다. 한 사람의 사주풀이에서 가장 무서운 점은 운명 결정론에 의한 부정적 암시다.

인간의 현재 의식은 대략 5퍼센트 이내이고 나머지 95퍼센트는 무의식이나 암시의 지배를 받는다고 한다. 따라서 사주풀이를 잘못하면 치명적인 심리적 손상을 받을 수 있다.

사주풀이가 무서운 또 다른 이유는 사주학 자체의 난해성 때문이다. 사주학은 수재가 30년 공부를 해야만 겨우 뚫을 수 있다는 말이 나올 정도로 심오한 학문이다. 그런데 현실적으로 수재들이 사주를 공부할까? 절대 아니다.

약 20년 쯤 전에 부산에서 일반인들을 대상으로 사주를 강의하다가 중단한 적이 있다. 수강생들이 이해하지 못한다는 사실을 느꼈기 때문이다. 보통 수재들은 사주학보다는 사회적 활용도가 높은 분야에 전념하고자 한다. 당연한 일이다.

그때 이후 지금까지 나는 단 한 번도 사주학을 강의한 적이 없다. 물론 수없이 자주 사주학 강의를 요청 받지만, 그때마다 나는 단호히 거절한다. 그 대신 다음과 같은 많은 말을 들려준다.

"생명을 걸고 사법, 행정, 외무 고시를 합격할 정도로 공부할 의지가 없다면 절대 사주학을 공부하지 마라."

사주학은 동양 철학을 전공한 사람에게도 여전히 어려운 학문이다. 이런 이유로 난해한 사주를 타고난 사람은 반드시 엉뚱한 사주풀이를 듣기 쉽다.

이 세상은 도전하는 자들이 이뤄낸 산물이다. 이들은 끝없는 금기 禁忌, taboo를 깨고 스스로 운명을 선택하며 운명을 창조한 사람들이다. 그들은 처음부터 운명론을 믿지 않았을 뿐만 아니라 사주풀이로 자신의 운명에 족쇄를 채우지 않는다.

뇌 생리학계와 물리학계가 발견한 사실에 따르면 무의식은 미래를 감지한다고 한다. 이 말은 곧 운명은 이미 자신의 내면에 존재한다는 뜻이기도 하다. 다른 말로 바꾸면 자신이 스스로 운명을 만들어

내는 주인공이라는 뜻이다. 이 세상에 존재했던 위대한 성자들이 했던 말과 같다.

그럼에도 불구하고 왜 수많은 사람들은 운세Fortune를 보는 걸까? 바로 자기 확신이 부족하기 때문이다. 스스로 산을 옮길 만한 자신감에 차 있다면 사주의 운명 결정론에는 전혀 마음이 가지 않을 것이다. 그러나 인간이 어디 그런가. 만약 호기심 때문에 한 번쯤 사주를 보고 싶다면 사주 감정을 받기 전에 다음 사실을 기억하라!

긍정의 언어로 운명 창조를 할 수 있는 상담을 받을 수 없다면 호기심으로라도 절대 운명 감정을 받지 마라.

자기 돈을 내면서 왜 부정적 암시를 받고 괴로워 한단 말인가! 인간의 뇌는 편안한 긍정적 암시보다 강렬한 부정적 암시를 먼저 받아들인다. 그렇기 때문에 스스로 운명을 개발할 의지가 없다면 맞지도 않는 운명론에 시간과 돈을 낭비할 필요가 없다.

사주, 그 치명적인 유혹

"올해는 절대 투자를 하거나 사업에 뛰어들지 마세요."
"11월에 교통사고가 날 수 있으니 조심하십시오."

최근의 일이다. 한 지인의 소개로 나는 공주 계룡산 근처에 《주역》에 조예가 깊고 사주학에 능통한 분이 있다고 해서 찾아갔다. 세간에서 그는 팔십 평생을 사주학과 《주역》 연구의 외길을 걸어온 걸출한 역술인이라는 평가를 듣고 있었다.

나는 《주역》 연구를 오랫동안 했다는 점에 이끌려서 그를 찾아갔다. 예의상 복채를 내고 사주 감정을 봐달라고 했다. 그런데 이게 웬일인가? 내가 사주 감정을 처음 의뢰할 때까지는 나이에 비해 목소리가 생기 넘치고 표정도 밝았던 역술인이 막상 사주 감정을 시작하자 순식간에 어두운 표정과 힘이 쫙 빠진 목소리로 내게 이런 말을 들려주었다.

나는 소개해 준 사람을 생각해서 한동안 꾹 참고 듣다가 물었다.

"그러면 공부를 좀 하면 어떻겠습니까?"

"공부할 운이 없는데, 어떻게 공부를 하겠나?"

"운이 없다면 운을 찾을 수 있는 희망이라도 있어야 하지 않겠습니까? 그 방법을 알려주십시오. 좋은 운은 언제 옵니까?"

그는 헛기침을 하며 한참을 생각하다가 더욱 힘이 빠진 목소리로 다음과 같이 말했다.

"운이 없을 때는 가만히 있어야 해. 괜히 일벌이다가는 낭패 보기 십상이야. 앞으로 운세를 보니 큰 운은 없어. 이런 말하기는 뭣하지만 좋은 운은 다 지나갔네."

나는 애초에 그 역술인의 운명 감정이 맞는지 틀린지에는 관심이 없었다. 어차피 그의 관점에서 최선을 다해서 봐주는 것이기 때문에 심각하게 받아들일 생각도 없었다. 다만 내가 중요하게 생각한 것은 그의 말 속에 단 한마디의 '긍정적인 내용'도 없었다는 사실이다. 나는 더 이상 상담을 계속할 필요를 느끼지 못했다. 정작 나누고 싶었던 《주역》에 관한 대화마저 포기하고 자리를 털고 일어날 수밖에 없었다.

혹시 사주를 보러 점집에 간 적이 있는가? 그렇다면 나처럼 운이 없다는 말을 들어본 적이 있을 것이다. 사주는 기본적으로 운세를 논하기 때문에 나쁜 운이라는 말을 들을 확률이 무려 60퍼센트다.

그뿐만이 아니다. 부정적 암시에 걸리면 나쁜 작용을 유발하여 자기도 모르게 깊은 무의식에 축적된다. 왜냐하면 일반적으로 사람들이 사주 감정을 받을 때는 대개 용하다는 소문이나 소개를 받고 찾아가기 때문이다. 그리고 이미 역술인을 신뢰한 상태에서 감정을 받기 때문에 그 영향력이 클 수밖에 없다. 또 사주를 볼 때 기대심리가 강하게 작용하기 때문에 집중력이 높아지므로 암시 효과가 강하게 일어날 수밖에 없다.

불가능을 가능으로 바꾸는 긍정의 힘

우리나라 전래동화 중 《3년 고개》라는 이야기가 있다. 마을 사람 누구나 이 3년 고개를 넘다가 넘어지면 3년밖에 못 살고 죽었다.

그러던 어느 날 한 남자가 그만 3년 고개를 넘다가 넘어지고 말았다. 그날로 이 남자는 몸져누웠다. 식음을 전폐하고 죽을 날만 기다리며 두려움에 떨었다. 다행히 이 남자에게는 지혜로운 아들이 있었다. 이 아들은 어떻게든 아버지를 살리고 싶어 묘안을 찾아냈다.

'옳거니! 3년 고개에서 한 번 넘어지면 3년밖에 못 산단 말이지? 그러면 두 번 넘어지면 6년을 그리고 세 번 넘어지면 9년을 살겠네. 그러면 한 번 넘어질 때마다 3년씩 더 산다면 3년 고개에서 마구 구

르면 되겠구나!'

결국 어린 소년의 지혜로 아버지는 물론 마을 사람들을 죽음에서 구했다는 이야기다.

우리는 자신에게 닥치지 않은 일을 미리부터 걱정하여 도전도 해보지도 않고 그냥 그 암시에 걸려 넘어지고 만다.

그러나 다른 부류의 사람들도 있다. 그들은 자기 분야에서 성공을 거둔 사람들이다. 그들은 하나 같이 자신의 사주에 나타난 것 이상으로 에너지 수준을 향상시키고 관계론의 모형을 잘 유지해 결국 원하는 것을 성취하고 만다.

성공한 사람들은 사주의 원리를 인정하면서도 결코 '3년 고개'에 얽매이는 법이 없다. 다만 길흉에 대한 기본 인식과 운세라는 흐름을 인정할 뿐, 그들은 그 이상 운명 결정론에 관심이 없다.

스스로 꿈과 목표를 세우고 에너지 수준을 높여 좋은 관계론의 모형을 유지해 나간다면 당신도 멋진 미래를 맞을 수 있다.

현재 실패와 좌절, 침체의 늪에 빠져 있는가? 그렇다면 운이 좋은 사람을 곁에 둬라. 그리고 착각이라도 좋으니 긍정적으로 생각하라!

운명을 개척하는 유목민 마인드

운명론은 농경 국가에서 유독 발달했다. 농경민들은 평생을 한 곳에 정착해서 살아야 했고 자신의 의지보다는 외부 조건에 따라 생존이 결정되었기 때문이다.

비가 내리지 않으면 하늘을 보고 운수를 따져야 했고 흉년이 들면 굶어죽어야 하는 운명이었으니 당연한 결과다.

생명의 터전인 농지를 두고 떠날 수 없는 삶 자체가 운명의 테두리이기 때문에 결국 운명론에 갇히게 되는 것이다. 농경 국가인 우리나라를 비롯 동아시아의 운명 논리는 이렇게 발달했다.

이에 반해 불안한 유랑의 삶을 살아야 하는 유목민들의 경우 오히려 운명에 기대지 않는다. 목숨을 걸고 바다로 나가 거친 파도와 싸우는 바이킹족이나 아라비아 사막을 횡단하는 대상들 사이에는 운명학이 발달되어 있지 않다.

유목민들은 하늘의 운세를 따지기 전에 스스로 운명을 선택하고 만들어 나갔다. 가뭄이 심해지고 초원의 풀이 마르면 그들은 운명을 탓하는 대신 즉시 다른 곳을 찾아 떠났다. 그들은 누구에게도 의지하지 않고 스스로가 운명을 개척하며 살았다. 곧 그들의 사고와 행동이 운명이었던 셈이다.

운명이란 선택에 의해서 정해지며 만들어지는 것이다. 그렇기 때문에 운명을 스스로 선택하고 만들지 않으면 운명론의 족쇄를 차기가 쉽다.

인생에서 성공한 사람과 실패한 사람의 차이는 자기 한계를 뛰어넘느냐 아니면 주저앉아 팔자 탓만 하느냐에 달려 있다. 죽음을 두려워하지 않고 새로운 세계를 향해 나아가는 유목민 마인드만이 불확실한 시대의 흐름을 이겨낼 수 있다.

사주와 에너지론 _
인생에서 차이가 생기는 진짜 이유

──────── 모든 만물은 생성 시기에는 우주 에너지의 영향을 크게 받는다. 사주는 우주 에너지가 탄생 시점에 인체에 입력된 기 에너지를 의미한다. 인간도 마찬가지다. 탄생의 시점, 즉 생성의 시기에 우주 에너지가 한꺼번에 인체에 입력되면서 개인의 에너지 수준이 달라진다.

생성 시점 이전에는 외부의 우주 에너지가 철저하게 차단된다. 예를 들면 태아가 그러하다. 태아는 뱃가죽과 자궁, 태와 양수라는 4중 구조의 방어벽으로 우주 에너지를 차단한다. 그렇기 때문에 태아가 뱃속에 있을 때는 외부의 우주 에너지가 전혀 입력되지 않는다. 우주 에너지는 태아가 탄생하는 시점, 즉 자궁 밖으로 나오는 순간에 입력된다. 그 짧은 순간에 우주 에너지가 태아에 입력되어 사주가 결정된다.

이러한 우주 에너지의 입력은 태양계 12행성은 12지지地支로, 태양계를 둘러싼 지구의 천체 위치는 10천간으로, 달과 태양의 상태는 음과 양으로 나타난다.

이처럼 사주는 탄생의 시점에 따라 우주 에너지가 태아의 몸과 마음속에 입력되는 것을 음양오행론의 기호로 나타낸 것이다. 사주에는 이러한 인간의 탄생 시점의 의미가 깃들어 있기 때문에 예부터 중요하게 여겨져 왔다.

이러한 과정을 통해 태아의 인체 에너지 설계를 완성하게 된다. 이는 가을에 씨를 뿌린 보리가 찬 성질을, 봄에 씨를 뿌린 벼가 뜨거운 성질을 지니는 것과 같다. 보리와 쌀의 발아 시점에 그 계절의 기운을 받는 것과 같이 태아 역시 발아되는 탄생 시점에 우주 에너지를 받아들인다. 그 결과 태아는 탄생 시점에 인체의 설계도인 체질을 부여받고 개인만의 고유한 에너지 수준을 지니게 된다.

사주 에너지론은 이러한 개인이 내부 혹은 외부의 변화에 따라 운세, 즉 에너지의 흐름을 만들어가는 과정을 의미한다.

운세와 성공의 함수관계

❋ 꿈과 목표를 세우고 비전을 확고히 하여 운명을 개발하라. 꿈을 가진 사람은
거친 운명의 파도도 가뿐하게 넘어간다.

성공하는 사람 VS 실패하는 사람

흔히 사람들은 행운이 성공의 주요한 요소라고 생각한다. 맞는 말이다. 하지만 행운이란 우연히 찾아오는 것이 아니라 운세의 흐름이라는 사실을 기억하라. 행운은 에너지 수준이 상승할 때 나타나기 때문이다.

에너지가 강해지면 행운이 따르고 에너지가 약해지면 불운이 나타난다. 이런 점에서 에너지론은 운세를 만들어가는 주요한 원리라 할 수 있다.

기존 사주학에는 한 개인의 성공과 실패를 가늠하는 주요한 기준으로 '운세론'을 내세운다. 그들은 행운과 불운을 이원론적으로 양분하여 이미 결정된 것으로 보았다.

하지만 무한한 가능성을 가진 사람을 단순히 운세론의 공식에 대

입하여 '운이 있다, 없다'고 단정하는 것은 옳지 않다.

인간의 환경적 조건이나 의지를 제외한 채 운세를 논한다는 것 자체가 심각한 모순이다. 운명에서 '절대적인 흉운이나 절대적인 길운'은 없다. 에너지의 수준에 따라 언제든지 흉운이 길운이 될 수도 있고 길운이 흉운이 될 수도 있다. 결국 흉운이니 길운이니 하는 것도 모두 사람의 마음에 달려 있다.

사주 관계론에서는 운세를 '에너지의 흐름'으로 정의한다. 따라서 에너지 수준을 높임으로써 흉운도 길운으로 변화시킬 수 있고 길운도 흉운으로 나타날 수 있다. 운세의 실체인 에너지가 절대 '고정된 것이 아니다'라는 사실을 전제로 하기 때문에 개인의 의지에 따라 얼마든지 변화가 가능하다.

인류 역사상 위대한 인물들과 동일한 사주를 가진 사람들이 현실에서 전혀 다른 삶을 살아가는 모습을 살펴보면 이 원리를 쉽게 이해할 수 있을 것이다.

오래전 나는 운세론을 연구하기 위해 부산 금정산 원효봉에 있는 석굴에서 홀로 8개월을 칩거하며 '왜 동일한 사주를 가진 사람들이 다른 운세로 살아가는가?'에 대한 답을 찾고자 했다. 오랜 사색과 연구 끝에 나는 한 개인의 사주로 알 수 있는 것은 오직 '체질과 에너지'며 이것이야말로 운세를 변화시킬 수 있는 열쇠라는 사실을 발견할 수 있었다.

이후 7년간 한의사를 상대로 체질과 에너지론에 대한 한방 역학 강의를 하면서 이론 체계를 확립해 나갔다. 연구는 한의사들과 함께 임상 실험과 검증을 거치며 이루어졌고 데이터 분석을 거친 후 '28

체질론'으로 완성되어 학계에 발표했다.

이러한 연구 결과는 사주학의 운세론과 체질의 에너지론 사이에 존재하는 차이를 명확하게 증명해 준다. 운세론과 에너지론은 원리는 동일하지만 현실적인 적용에서는 엄청난 차이가 있다. 사주의 운세론은 운세를 예정된 것으로 받아들인다. 하지만 체질의 에너지론은 운세, 즉 에너지를 개발하거나 만들어낼 수 있다고 본다.

여기서 핵심은 운세란 '만드는' 것이고 지금 당장이라도 '성공을 끌어당길 수 있다'는 점이다. 따라서 자신의 운세나 운명을 미리 알아보려는 목적이라면 절대 사주를 봐서는 안 된다. 만약 이러한 마음가짐으로 사주를 본다면 그 자체가 걸림돌이 될 수 있다. 그럴 바에야 꿈과 목표를 세우고 비전을 확고히 하여 운명을 개발하라. 꿈을 가진 사람은 거친 운명의 파도도 가뿐하게 넘어간다.

에너지와 성공의 함수관계

가난한 사람들에게 공통적으로 발견되는 점은 에너지 수준이 낮다는 것이다. 하지만 놀라운 것은 그들 중 80퍼센트는 타고난 에너지대로 찢어지게(?) 가난하게 살지만 나머지 20퍼센트는 오히려 부자로 산다는 사실이다.

그렇다면 그들은 타고난 낮은 에너지를 어떻게 극복하고 부자가 되었을까? 나는 그 해답을 수많은 부자들과의 인터뷰를 통해 찾을 수 있었다.

타고난 에너지가 높은 사람이 성공할 가능성 또한 높다. 그들은 운세론에서도 운이 좋은 것으로 나타난다. 그러나 에너지가 아무리 높다 해도 항상 왕성한 활동을 할 수 있는 것은 아니다. 일시적으로 에너지가 약화되어 침체하는 시기가 반드시 온다.

'설상가상', '엎친 데 덮친 격', '뒤로 넘어져도 코가 깨진다' 등과 같이 불운이 연쇄적으로 찾아온다. 예를 들면 기업의 대표이사가 부도를 내면 줄초상이 나는 경우를 들 수 있다. 가정은 풍비박산이 나고 가족은 죄인처럼 수모를 겪거나 고통을 받는다.

보통 에너지는 기본적으로 주기적인 변화를 통해 등락의 폭이 결정되는데, 에너지 수준을 관리하지 못해 한번 무너지면 걷잡을 수 없이 불운이 겹치게 된다. 이와 반대로 자신의 에너지를 꾸준히 관리하는 사람은 길운과 흉운조차도 잘 통제할 수 있다.

10년 전 사업 실패로 에너지가 일시적으로 약화된 S사장을 상담한 일이 있다. 당시 그는 한 개인이 도저히 감당하기 힘든 상황에 직면해 있었다. 하지만 그는 타고난 에너지가 매우 강했고 관계론의 모형이 좋았으며 스스로 에너지 경영도 충실히 하고 있었다.

S사장이 자신의 운세, 즉 에너지 수준을 높이는 것은 시간 문제였다. 당시 나는 그에게 앞으로 2년 후부터 5년간 일생일대 최고의 에너지 융성기가 찾아올 것이니 지금부터 호황기를 대비하라고 조언을 해주었다. 그는 반신반의했지만 나는 확신했다.

2년 후 그는 내가 말한 대로 엄청난 성공을 거두었다. 그 후 S사장이 나를 찾아와 자신의 운세를 어떻게 그렇게 정확히 알 수 있었는지 물었다. 나는 그에게 체질론과 에너지론의 원리에 대해 자세히 설명해 주었다.

그리고 그로부터 6년 후 나는 그의 초대로 그가 운영하는 회사를 방문했다. 그 회사는 총매출 1조원의 목표 달성을 눈앞에 두고 있었고 TV 광고에도 자주 나올 정도로 급성장했다. 당시 그는 나에게 여러 차례 감사의 말을 전했다.

그런데 최근 S사장의 건강이 급속도로 악화되어 대수술을 받았다는 소식을 지인으로부터 듣고 머지않아 그의 사업이 극심한 침체를 겪게 될 것이라 예측할 수 있었다. 대수술은 급속한 에너지 하락을 의미하기 때문에 예외 없이 사업적 침체, 부도 또는 실패를 부른다. 대우 그룹의 김우중 회장을 비롯, 지금은 부도가 난 재벌 회장들의 와병설을 보아도 알 수 있다.

S사장 역시 마찬가지였다. 세계적인 금융 위기의 여파도 있겠지만 최근 회사가 퇴출 기업 명단에 올랐다는 기사를 보았다. 에너지의 높은 주기와 낮은 주기를 잘못 관리한 결과가 이렇게 나타난 것이다.

S사장의 사례처럼 에너지론은 사업의 성공과 직결되어 있다. 하지만 이것은 고정된 것이 아니라 언제든지 변화 가능한 것이다. 인간의 의지에 따라 언제든지 상승할 수도 있고 순식간에 하락할 수도 있다.

가난한 체질을 가진 사람도 꾸준히 에너지 수준을 높이면 부자가 될 수 있고 부자 체질을 가진 사람도 에너지 수준이 떨어지면 순식간에 망할 수 있다.

가난한 체질을 지녔음에도 불구하고 부자가 된 대표적인 사람이 사업가 K씨다. 그는 자신이 살고 있던 주상 복합 아파트 45층 계단을 하루도 빠짐없이 오르내리며 건강을 관리했다. K씨에게 이 말을 들는 순간, 나는 더 이상 그의 꿈과 비전, 사업적 감각을 물어볼 필요가 없다는 사실을 알았다. 출장을 제외하고는 하루도 빠짐없이 운동을 한다는 사실만으로 그의 에너지는 높을 수밖에 없다.

K씨의 타고난 에너지 수준은 낮았다. 하지만 그는 후천적인 노력으로 에너지 수준을 강화하고 관리하여 성공을 이루어냈다. 그뿐만 아니라 자기 전 매일 책을 읽었으며 대인관계 또한 남달랐다. 가령 경조사가 있을 경우 그곳이 어디라도 직접 찾아갔다.

이러한 사소한 행위들이 모여 훌륭한 후천적 관계론의 모형이 만들어졌다. K씨의 관계론이나 에너지론을 보면 그가 이룬 성공은 너무나 당연한 결과였다.

에너지 수준 강화를 통한 운세 관리는 그만큼 중요한 의미가 있다. 선천적으로는 부자 체질로 태어났지만 가난하게 사는 사람이 예외 없이 에너지 관리에 실패한 것을 보면 이것은 논란의 여지가 없다.

부자로 살 수 있는 필요조건을 갖췄음에도 불구하고 그들은 보잘 것없고 정체된 삶을 살아간다. 물론 사주의 관계론을 통해 분석해 보면 그들이 침체기에 빠져 있는 데는 여러 가지 이유가 있을 것이다. 하지만 사주만을 놓고 볼 때 자신의 에너지 수준을 높이려는 노력에 소홀한 결과라 할 수 있다.

이런 측면에서 볼 때 사주의 에너지론과 성공의 관계는 필연적인 것이라고 할 수 있다. 중요한 것은 어떤 환경, 어떤 사주를 타고 났던 간에 후천적 노력을 통해 에너지 수준을 높임으로써 스스로 운명을 만들어 가야 한다는 사실이다.

그렇다면 성공을 이루기 위해서는 무엇이 필요할까? 여러 가지 요소가 있겠지만 대표적인 것으로 에너지를 들 수 있다. 동일한 조건에서라면 두뇌 에너지를 비롯한 에너지 수준이 높은 사람이 더 높은 성과를 내는 원리와 같다.

운세가 나빠지면 건강부터 무너진다. 일단 병이 들었다면 운세가 나빠진 것이라 판단하면 틀림없다. 병이 든 것 자체가 운이 나쁜 것이고 병이 들면 전체적인 운세가 다 침체된다.

주변 사람들을 잘 살펴보라. 건강하고 밝고 활달한 사람이 가난하거나 힘겹게 살아가는 사람이 있는지 말이다. 대부분의 부자들은 에너지가 넘친다. 그들은 끊임없이 자신의 에너지 수준을 높이며 성공을 끌어당기고 있다.

위기를 극복하는
에너지 경영

☘ 꿈을 꾸는 사람은 악운 속에서도 기회를 만들 수 있으며 성공의 기회를
잡을 수 있다. 그러나 아무런 목표도 없고 에너지 경영을 하지 않는다면
길운을 맞이해도 실패와 좌절을 맞게 될 것이다.

에너지가 따라오면 운도 상승한다

많은 사람들이 현재의 삶에서 위기를 느낄 때 '운세Fortune'를 떠올린다. 불투명한 현실적 상황에서 간절하게 행운을 기대하는 심리가 의식 저변에 깔려 있다.

그러나 운세가 당면한 모든 문제를 해결할 수 있을까? 절대 불가능하다. 왜냐하면 운세를 보는 기준부터 매우 주관적이기 때문이다. 자신의 현실이 불만족스러울 때 대부분의 사람들은 자기 운세가 나쁘다고 생각한다. 반대로 만족스러울 때는 운세가 좋다고 생각한다.

객관적인 기준 없이 체감되는 만족도를 기준으로 하기 때문에 실제 측정은 쉽지 않다. 그럼에도 불구하고 일반적으로 운세는 직관 혹은 느낌으로 전해진다.

보통 운세가 좋은 사람을 '신수가 훤하다'고 표현하는데 그것은

그 사람에게서 발산되는 에너지 때문이다. 반면 얼굴이 어둡고 피부가 거칠면 운세가 나쁘다고 생각한다. 에너지가 약화되면 얼굴이 어두워지고 몸에 병이 침범하기 때문이다. 이런 상태이면 십중팔구는 운세가 나쁘다.

흔히 말하는 사기邪氣, 치우친 에너지, 탁기濁氣, 탁한 에너지, 악기惡氣, 악한 에너지는 에너지 상태가 좋지 않을 때 표현하는 말들이다. 에너지가 한쪽으로 치우치거나 탁해지거나 악해지면 판단착오와 사고 발생 위험이 높아지는데, 이것이 구체적으로 나타난 것을 흉액凶厄이라고 한다.

반면 원기元氣, 타고난 근원적 에너지, 정기精氣, 정화된 에너지, 혈기血氣, 혈중 에너지 등은 에너지 상태가 좋은 것을 나타낸다. 몸에서 에너지가 맑고 밝으면 집중력이 높아지고 판단력도 정확해지면서 대길大吉, 즉 행운이 따라오게 된다.

운세는 우리의 몸과 마음 상태를 나타내며 외부 세계와 반응하게 되어 있다. 그렇기 때문에 아무리 세계적 불황이라고 해도 에너지가 넘치는 사람은 호황을 만들어낸다. 외부에서 나타나는 운세가 직접 영향을 미치는 것이 아니라 인체 내부의 에너지와 반응해 이렇게 나타나는 것이다.

이때 우리가 알고 있는 상식처럼 운세가 인간에게 직접 영향을 미치는 것은 아니다.

운세는 단순한 에너지의 흐름을 나타내는 지표에 불과하다. 곧 자신의 체질에 따른 에너지의 하강이나 상승의 그래프로 나타나는 것뿐이다.

구체적으로 보면 운세의 척도는 에너지의 강도로 나타나기 때문에 에너지 경영을 어떻게 하느냐에 따라 성공과 실패가 판가름 난다.

운세로 보는 에너지의 강도

■ 길운吉運

의지력이 강해지고 에너지가 높아지며 좋은 관계론이 형성된다. 귀인을 만나는 좋은 관계론이 형성되어 기회와 행운이 따른다. 평소 게으른 사람도 의욕이 넘치고 활동적인 사람으로 바뀐다. 심신의 에너지 파동은 최적의 상태이며 강한 힘을 발산한다.

■ 평운平運

에너지 수준이 보통이다. 항상 원만한 관계론을 유지한다. 일상적인 관계론을 형성하고 변화보다는 안정을 추구한다. 평범하게 흘러가며 에너지 수준이 일정한 범위에서 머무른다. 에너지 파동이 정상 수치로, 의지력에 따라 흉해질 수도 있고 좋아질 수도 있는, 변수가 많은 상태다.

■ 흉운凶運

의지력이 약화되고 에너지 상태가 최악으로 나쁜 관계론이 형성된다. 악연과의 관계론이 형성되어 화禍를 부를 수 있다. 활동적인 사람일지라도 에너지가 위축되어 소극적인 사람이 되기 쉽다. 또한 심신의 에너지가 약화되고 힘이 떨어진다.

운세는 에너지의 강약으로 나타난다. 보통 사람들은 흉운을 맞이하면 나쁜 운명의 소용돌이에 휘말릴 것이라 예감하고 길운을 맞이하면 희망에 들뜨기도 한다. 그러나 운세는 예정된 것이 아니라 개인의 의지력에 따라 변수가 발생한다.

'흉중길, 길중흉' 이란 말이 있다. 흉한 가운데 길한 것이 있고 길한 가운데 흉한 것이 있다는 말이다. 실제로 어떻게 에너지를 경영하느냐에 따라 그렇게 나타난다.

에너지 관리에 따라 길운에 의외로 망하는 사람이 있고, 반대로 흉운을 기회로 삼아 성공하는 사람도 있다. 길운과 흉운, 이 둘 사이에 절대적인 구분은 없다.

에너지 경영의 원리에서 보면 흉운이 없는 사람은 성장의 기회가 없는 반면, 길운이 없으면 화려한 결실을 거둘 수 없다. 즉 언제든지 평운이 흉운이 될 수 있고 길운이 될 수도 있다.

주나라의 문공 때 일이다. 강태공은 위수에 낚싯대를 드리우고 때를 기다렸다. 무려 80년 동안 성장과 결실을 준비를 했다. 그가 그토록 오랜 시간 내공을 쌓았기 때문에 마침내 천하통일을 도모할 수 있었다.

그렇다면 과연 강태공의 80년 세월은 악운일까? 길운일까? 운세에서 그것을 논할 수는 없다. 그 오랜 세월 동안 강태공은 스스로를 담금질했고 에너지를 강화하는 데 힘썼으며 그 결실로 천하통일을 이룩할 수 있었다.

길운이나 악운이 어떻게 다가오는지는 중요하지 않다. 핵심은 그것을 맞이하는 당신이 자신의 에너지 경영을 어떻게 하느냐에 달려 있다. 곧 운세를 결정하는 에너지 경영을 잘하는 것이 최상의 지혜라 하겠다.

꿈을 꾸는 사람은 악운 속에서도 기회를 만들 수 있으며 성공의 기회를 잡을 수 있다. 그러나 아무런 목표도 없고 에너지 경영을 하지 않는다면 길운을 맞이해도 실패와 좌절을 맞게 될 것이다.

에너지 경영에 따른 운세의 변화

사주학의 운세론은 흉운을 아주 나쁜 운, 평운을 보통 운, 길운을 좋은 운으로 나눈다. 하지만 에너지 경영에 따른 운세의 변화를 얘기할 때 이 관점은 잘못되었다. 곧 흉운은 성장의 시기, 평운은 안정의 시기, 길운은 결실의 시기를 나타낼 뿐이다.

흉운은 성장하고 준비하는 시기요, 길운은 꽃 피우고 결실을 맺는 의미가 있다. 따라서 에너지 경영을 효과적으로 하기 위해서는 흉운의 시기에는 더 적극적으로 나아가고 준비하며, 길한 시기에는 결실을 거둘 수 있도록 준비해야 한다. 에너지 경영의 원리에서 운세를 살펴보면 다음과 같다.

■ 길운吉運

꽃을 피우고 결실을 맺는 시기로 에너지 경영을 잘하면 크게 성공하고, 현실에 안주해도 꽤 편안한 삶을 즐길 수 있는 시기다. 노력보다 결과가 잘 나타나며 에너지가 강해지기 때문에 꿈과 목표가 뚜렷하지 않으면 '베짱이의 한철'을 보내게 된다.

만약 이때 에너지 경영을 잘못하게 되면 큰 낭패를 볼 수도 있다. 특히 자신의 내공은 생각하지 않고 무리하게 사업을 확장하면 크게 실패하는 수가 있다. 이 시기에 큰 실패를 겪는 사람들은 대개 관계론이 좋지 않다. 보통 이 시기에 남자는 주색잡기, 여성은 사치와 허영에 잘 빠진다.

■ 평운平運

에너지 경영을 어떻게 하느냐에 따라 길운이 되기도 하고 악운이 되기도 한다. 에너지가 보통의 상태를 유지하는 시기로 노력에 대한 결과가 공정하게 나타난다. 이런 까닭에 이 시기는 현실적인 삶에 안주하기 쉬운 때다. 꿈과 목표가 명확하면 에너지를 끌어올려 크게 도약할 수 있지만 대부분의 사람들은 이 시기를 헛되이 흘러 보낸다.

만약 이 시기에 에너지를 끌어올리지 않으면 자칫 악운으로 떨어질 수 있기 때문에 많은 노력이 요구된다. 이 시기에는 관계론에 따라 길운과 악운의 기로에 서게 된다. 보통 사람은 이 시기에 하는 일 없이 세월을 보내지만 성공을 준비하는 사람들은 이 시기에도 화려한 꽃을 피울 수 있다.

■ 흉운凶運

씨앗을 뿌리고 성장하는 시기다. 에너지 경영을 잘한다면 성장할 수 있는 최고의 기회를 만날 수 있다. 노력에 대한 결과가 잘 나타나지 않기 때문에 엄청난 에너지 강화 노력이 요구된다. 보통 성공하는 사람은 이 시기에 담금질을 하며 자신의 에너지 수준을 높인다. 꿈과 목표가 뚜렷하면 훗날 성공의 밑거름을 만들 수 있다. 그러나 에너지 경영에 힘쓰지 않으면 대부분 질병에 걸리거나 큰 실패를 겪는다.

성공할 수 있는 최고의 기회이자 동시에 나태하면 나락에 떨어질 수 있는 시기이므로 어느 때보다 '선택'이 중요하다. 이 시기에 관계론을 잘 형성하면 위기가 절묘한 기회로 전환되어 '개미의 한철'을 보낼 수 있다. 보통 이 시기에 '팔자 탓'을 일삼거나 가정환경과 나라 탓을 하는 비관론자가 많이 나타난다. 큰 꿈을 가진 사람들은 대부분 이 시기에 성공의 기틀을 마련한다. 난세에 영웅이 나타나는 것처럼 흉운이야말로 성장을 위한 최고의 기회라 할 수 있다.

실제로 역사에 남을 큰 인물들은 악운 속에서 위기를 기회로 전환함으로써 큰 성공을 거두었다. 몽골의 정복자 칭기즈칸만큼 악운에 대적할 사람도 없을 것이다.

칭기즈칸은 몽골 부족장의 아들이었지만 사생아였다. 자신을 친아들처럼 사랑해 주던 새아버지가 살해당한 후 칭기즈칸의 고난은 시작되었다. 그를 비롯한 어머니와 형제들은 부족의 버림을 받고 몽골의 황야에 버려졌다. 그의 일족은 추위와 배고픔을 견디며 근근이 생명을 이어갔다. 결혼한 이후에도 아내를 빼앗기거나 몇 번의 죽을 고비를 넘기는 등 수없이 많은 패배를 겪어야 했다. 하지만 칭기즈칸은 고난의 시기에 아무도 침범할 수 없을 만큼 단단한 내공을 다져 마침내 세계를 정복했다.

악운은 단순히 에너지 수준이 약화되는 시기이므로 이때야말로 성장을 위해 에너지를 강화하고 자신을 단련하기에 안성맞춤의 시기라 할 수 있다. 에너지 경영의 원리로 보면 오히려 흉운 없이 탄탄대로만 걸어온 사람이 큰 실패를 겪을 수 있다는 사실에 주목하라.

행운을 이끌어내는
관계론의 원리

❦ 관계론의 법칙은 생태계의 생존 원리와 흡사하다. 작은 물고기가 무리를
지어 사는 것처럼 그들은 에너지 수준이 낮기 때문에 서로를 보호하기 위해
무리를 짓고 그렇게 함으로써 생존 확률을 높인다.

운이 좋은 사람을 곁에 두라

최근 전 세계 독자들의 시선을 사로잡은 《시크릿》, 이 책은 독자들
에게 마인드 트레이닝을 강조한다. 하지만 생각해 보라! 어디 그것이
쉬운 일인지……

이 책에 소개된 방식으로 꿈을 신념화하고 마인드 훈련을 하면 모
든 사람들이 성공할 수 있을까? 절대 불가능한 일이다. 이 책의 내용
에 따르면 몰입과 지속력이 부족해서 성공하지 못한다고 주장한다.
하지만 그보다 더 원초적인 문제는 마인드 트레이닝을 하는 것만으
로는 원초적으로 한계가 있다는 사실이다.

나는 20대 초반부터 하루도 쉬지 않고 《시크릿》에서 소개한 방식
으로 마인드 트레이닝을 했다. 하지만 그것만으로는 성공에 이르기
엔 턱없이 부족하다는 사실을 발견했다.

왜 그럴까? 이유는 간단하다. 마인드 트레이닝을 하면서 간절하게 꿈을 꾸었지만 실제적인 운세 변화를 일으키는 에너지론과 관계론이 뒷받침 되지 않았기 때문이다. 생각은 아무리 《시크릿》에서 말한 대로 돈이 들어온다는 상상을 해도 에너지가 약하고 돈을 벌게 해줄 관계론이 형성되어 있지 않으면 행운을 끌어당길 수 없다.

한 개인의 꿈이 실현되기까지는 여러 가지 요소가 고르게 배합되어야 한다. 자신의 에너지 수준을 강화하는 것은 기본이다. 행운은 긴밀한 관계론과 치열한 자기계발이 선행될 때 따라오게 된다. 왜냐하면 행운의 주체는 기본적으로 에너지이지만 행운을 이끌어내는 것은 관계론이기 때문이다. 에너지 수준과 관계론이 결합될 때 비로소 행운을 끌어당기는 에너지가 형성된다.

꿈을 꾸고 열심히 목표를 향해 몰입하는 천재들이 현실에서 불행한 이유는 무엇일까? 그들은 공통적으로 에너지의 균형을 이루지 못했기 때문에 타고난 천재성에도 불구하고 불운에 시달리게 된다. 대개 불행한 천재의 광기는 치우친 에너지에서 비롯된 것이라 할 수 있다.

대부분의 천재들은 안정적으로 관계론을 구축할 만큼 높은 에너지 수준을 유지하지 못한다. 그들이 설령 높은 수준의 에너지를 가지고 있다고 해도 그것은 불안정한 에너지다. 현실 속에서 관계론의 모형을 형성하려면 에너지가 안정이 되어야 하는데 그들의 에너지는 불균형하고 한 곳으로 쏠려 있다. 현실적으로 행운을 거머쥐고 싶다면 에너지가 안정을 이루고 관계론이 균형을 잡아야 한다.

대개 성공한 사람들은 높지만 안정된 에너지 속에서 관계론의 모형을 형성하여 자신의 꿈과 목표를 이룬다. 이런 점에서 관계론의 에너지는 한 인간에게 절대적인 영향력을 발휘한다고 하겠다.

에너지 수준이 낮아서 성적이 떨어진 학생이 언젠가부터 에너지 수준이 높고 성적이 우수하며 모범적인 친구들과 어울리게 되면 어떤 결과가 나타날까? 대개는 성적이 오르고 모범생으로 변화될 확률이 높다.

실제 체질 상담에서 경제적 어려움을 겪는 가족들을 보면 거의 병자 수준이다. 특별한 병이 없다고 해도 마음속을 들여다보면 거기에는 늘 시름시름 앓는 병이 있거나 불완전한 가족관계가 숨어 있다. 따라서 그들의 평균 에너지 수준은 떨어질 수밖에 없고 경제 수준도 열악할 수밖에 없다. 그들의 약한 에너지로서는 행운을 끌어당길 힘이 절대적으로 부족하기 때문이다. 이 경우 약한 에너지로 인해 고통은 계속된다. 이때 에너지 수준을 강화시켜 좋은 관계론을 맺게 되면 행운을 이끌어낼 수 있고 고통에서도 벗어날 수 있다.

관계론의 법칙은 생태계의 생존 원리와 흡사하다. 작은 물고기가 무리를 지어 사는 것이나 약한 초식 동물들이 무리를 지어 서로를 보호하는 것과 같다. 그들은 에너지 수준이 낮기 때문에 서로를 보호하기 위해 무리를 짓고 그렇게 함으로써 생존 확률을 높인다.

원시 시대 인간들도 무리를 지어 스스로를 보호했다. 오늘날 인간의 생존 방식도 이와 다르지 않다. 특히 행복한 생존은 '공존'을 통해 보장받는다. 상승 에너지 속에서 관계론의 모형을 잘 형성할 수 있도록 에너지 수준을 높이는 것은 필수 사항이다. 사회적 인간으로서 행복한 생존은 공존, 곧 관계론을 지향해야 하기 때문이다.

에너지 선택이 운명을 결정한다

관계론 모형에서는 반드시 개별적 에너지의 선택이 필요하다. 관계론을 이끌어가는 핵심 원리는 바로 이 에너지의 선택, 즉 관계를 맺어야 할 사람과의 상호 교류를 통해서 가능하다. 현실에서 큰 성공을 거둔 사람들을 보면 예외 없이 에너지 수준이 높다. 그들은 엄청난 에너지를 내뿜으며 리더십을 발휘한다.

반면 세상에 벽을 쌓고 사는 사람들을 보면 대개 에너지 수준이 낮다. 그들은 비판자들이다. 누구에게서라도 단점을 찾아내고 매사 불평불만이 많다. 그들에게 긍정적인 관점을 찾아보기란 사막에서 바늘 찾기보다 더 어렵다. 이런 까닭에 주변에 사람들이 모이지 않게 되고 결국 고립 상태가 된다. 오늘날 비호감과 안티, 인터넷의 악플로 나타나는 그들의 에너지는 악에너지로부터 기인한다.

관계론을 결정하는 에너지의 선택은 기본적으로 선에너지와 악에너지로 구분할 수 있다.

▪ 선에너지

순수한 에너지의 결정체로 헌신과 봉사, 동정과 선행 등을 불러일으킨다. 이 에너지는 순수하며 때 묻지 않은 어린아이나 성공한 사람들, 위대한 인물들에게서 찾아볼 수 있다. 이러한 선에너지는 보통 다음과 같은 2가지 형태로 나타난다.

첫째, 에너지 강도는 약하지만 순수하다. 약한 선에너지이지만 자신은 힘들고 고통스러워도 타인을 먼저 생각하고 선행을 한다. 이 사회의 많은 사람들이 이 부류에 속하지만 에너지가 약하기 때문에 관계론에서 보면 그다지 큰 행운을 끌어당기지는 못한다.

둘째, 에너지 강도가 강렬하면서도 순수하다. 위대한 정치가나 사업가, 개혁가 등 큰 인물들이 이 부류에 속한다. 그들은 개인의 안녕보다는 인류의 평화와 국민의 행복을 먼저 생각하기 때문에 엄청난 우주 에너지를 끌어들여 많은 사람들을 구원한다. 이것뿐만 아니라 그들은 선에너지를 가진 사람들을 끌어들이기 때문에 사주 관계론 역시 매우 좋다.

위기의 시대에 가장 필요한 에너지는 공존, 즉 관계론을 위한 선에너지라 할 수 있다. 이 에너지를 발산하면 상대방은 반드시 선에너지로 반응하게 되고 굳게 닫아놓았던 마음의 문을 열게 된다.

■ 악에너지

이와는 반대로 악에너지를 발산하게 되면 상대방으로부터 강한 거부감을 불러일으킨다. 악에너지는 선에너지가 바닥이 나서 에너지가 혼탁해진 것을 가리킨다. 피가 탁해지면 피로감이 생기는 것처럼 에너지가 혼탁해지면 그때부터는 악에너지를 사용하게 되어 삶이 피곤해지고 병이 난다. 그뿐만 아니라 관계론에서 처음에는 호의를 베풀다가 나중에 큰 고통과 해악을 끼치는 경우나 나쁜 관계를 형성하는 근본적인 원인을 제공하는 것이 이 단계라 할 수 있다. 이러한 악에너지는 보통 다음과 같은 2가지 형태로 나타난다.

첫째, 선에너지가 바닥이 나면서 악만 남은 상태다. 시장에서 악다구니를 쓰며 싸우거나 가난한 집에서 큰 소리로 싸우는 행위 등이 대표적인 사례다. 에너지가 쇠약해져서 악에너지로 변한 경우 더 강도가 센 악에너지에게 이용당하거나 그들의 제물이 되기 쉽다. 이때 관계론은 최악으로 치닫게 된다.

둘째, 에너지가 혼탁해지면서 악에너지가 강화된 상태다. 제2차 세계대전을 일으킨 히틀러를 비롯한 국제적 범죄자들이 대표적인 사례다. 그들은 겉으로 보기에는 보통 사람과 별반 달라 보이지 않는다. 에너지가 강하여 표정, 말투, 행위 등을 감쪽같이 위장할 수 있기 때문이다. 그들은 선에너지로 위장하고 많은 사람들과 관계론을 확장하여 전쟁, 경제 범죄, 사기 행위 등을 일삼는다. 이 경우가 가장 위험하다고 하겠다.

다행스런 점은 많은 사람들이 선에너지와 악에너지 2개로 양분되어 있지 않다는 사실이다. 보통은 선에너지와 악에너지가 서로 공존하면서 실제적인 에너지의 작용을 일으킨다. 공존관계론을 위해서는 악에너지를 없애고 선에너지의 강도를 높여야 한다.

이때 필요한 것은 윤리와 도덕성의 기준이 되는 양심과 정당한 노력의 대가를 취하려는 곧은 정신이다. 우주 에너지는 본질적으로 선에너지이기 때문에 이러한 정신을 가질 때 우주 에너지를 끌어당기는 힘 또한 강력해진다.

절대긍정의 힘

✤ 인간의 의식은 감정의 영향을 받기 때문에 평화롭고 안정되면
긍정 의식이 자리매김하게 되고, 반면 불안하고 우울하면 그 내면에는
부정 의식이 자리 잡게 된다.

한계를 만드는 부정 의식을 넘어서라

에너지 수준은 개인의 의식 상태를 반영한다. 상류층의 클럽 문화나 서민층의 각종 친목회를 생각해 보라. 모임의 구성원을 살펴보면 비슷한 에너지와 의식을 가진 사람들이 모이게 된다는 사실을 알 수 있다. 사람은 에너지와 의식의 수준에 따라 이합집산을 거듭한다. 특히 에너지 수준은 의식의 상태를 반영하기 때문에 긍정 의식을 가진 사람과 부정 의식을 가진 사람은 전혀 다른 관계론을 형성한다. 에너지 수준은 관계론의 형성에 있어서 의식의 상태를 뚜렷하게 반영하며, 의식의 수준은 기본적으로 긍정 의식과 부정 의식으로 나뉜다.

▪ 긍정 의식의 에너지

긍정 의식은 크게 2가지 형태로 나타난다.

첫째, 절대긍정으로 강한 에너지를 기반으로 한다. 이것은 어떤 상황이나 조건에도 굴하지 않는 초지일관하는 마음으로 에너지 수준이 강할 때에만 가능하며 일반적인 긍정 의식에 강한 신념이 결합된 것이다.

둘째, 긍정 의식이다. 에너지 수준이 관계론의 모형을 형성할 수 있는 조건이다. 에너지 수준을 높일 수 있는 바탕이 갖추어져 있어 신념에 따라 절대긍정 의식으로 변할 수 있다.

이들 긍정 의식은 관계론의 모형에 결정적인 영향을 미친다. 모든 관계론은 기본적으로 긍정 의식을 기반으로 형성된다. 부정 의식이 강해지면 관계론이 원만하게 유지될 수 없다. 따라서 관계론을 강화하려면 가장 먼저 에너지 수준을 끌어올려야 한다. 이때 관계론은 에너지 수준에 따른 의식 상태로 재편성될 수 있다.

실제 에너지 수준이 높아지고 의식이 긍정적으로 바뀌면 반드시 변화가 뒤따른다. 어떠한 난관이나 또 외부에서 닥쳐오는 부지불식간의 장애라도 강력한 자기 면역력으로 방어할 수 있을 뿐만 아니라 내면에서 에너지를 끌어 모아 발전을 도모할 수 있다.

그러나 에너지가 저하되면 부정 의식이 싹트게 되어 관계론의 모형이 깨지게 된다. 부정 의식은 그 자체만으로 에너지의 정체 혹은 에너지의 저하를 초래하기 때문이다.

▪ 부정 의식의 에너지
부정 의식은 다음 2가지의 형태로 나타난다.

첫째, 절대부정 의식으로 최악의 에너지 수준에서 나타난다. 내면의 안티바이러스, 거부감, 부정 의식이 극에 달한 상태다. 그렇게 되면 에너지 수준은 순식간에 낮아지고 관계론이 파괴되어 나락으로 떨어질 수 있다.

둘째, 에너지 수준이 점차 떨어지기 시작하고 부정 의식이 서서히 나타난다. 관계론의 모형은 불완전하고 투쟁, 반목, 불화가 잇따른다. 보통의 에너지 수준을 가진 사람들 사이에서도 순식간에 에너지 저하가 나타날 수 있으므로 조심해야 한다.

부정 의식은 관계론에 치명적인 악영향을 미친다. 이것은 에너지 수준을 떨어뜨릴 뿐만 아니라 패배감과 좌절감을 초래하기 쉽다. 그렇기 때문에 마인드 트레이닝을 통해서뿐만 아니라 에너지론으로서도 반드시 수준을 강화해야 한다. 긍정 의식은 에너지 수준을 높이는 작용을 한다.

미국에서 시작된 성공 철학의 핵심 원리를 한마디로 요약하면 '절대긍정'이라 할 수 있다. 어떠한 악조건 속에서도 해낼 수 있다는 긍정 의식이 왜 필요하겠는가? 의식 역시 에너지 수준에 따라 달라질 수 있고 절대긍정 의식을 가지는 것만으로도 에너지 수준은 높아지기 때문이다.

그러나 에너지 수준과 의식 상태가 일치하지 않는 경우도 있다. 긍정 의식과 부정 의식이 혼재되어 있을 때는 무의식이 작용한다. 이 경우 에너지 수준이 높은데도 불구하고 관계론의 모형을 효과적으로 형성하지 못해 실패와 좌절을 불러올 수 있다.

가장 안타까운 경우는 스스로 무의식적인 부정 의식을 인식하지 못할 때다. 자신은 긍정 의식을 지니고 있다고 믿지만 잠재의식 속에 부정 의식이 나타나 원만한 관계론 형성을 방해한다. 이 경우 부정 의식 상태를 엄격히 점검해야 한다. 긍정 의식과 부정 의식을 점검하는 것은 감정 상태를 통해 명확하게 알 수 있다.

인간의 의식은 감정의 영향을 받기 때문에 평화롭고 안정적이며 기쁜 상태를 유지하면 긍정 의식이 자리매김하게 되고, 반면 불안하고 우울하며 기분이 저하되어 있다면 그 내면에는 분명 부정 의식이 자리 잡게 된다.

이것은 에너지 수준을 설명할 때도 같은 원리를 적용할 수 있다. 늘 에너지가 넘치면서 열정적이고 활발하면 긍정 의식이 확실하다. 또 어떤 악조건에도 불구하고 절대긍정 의식을 유지하면 '화禍'가 바뀌어 '복福'이 되는 전화위복을 이끌어낼 수도 있다.

화는 에너지의 극심한 혼란 상태를 나타낸다. 이 경우 절대긍정 의식으로 에너지 수준을 높이고 행운을 끌어당기는 관계론을 형성하면 오히려 복이 될 수 있다.

절묘한 관계론의 반전

전화위복은 불운을 행운으로, 위기를 기회로 만드는 것을 의미한다. 이것은 절대긍정 의식과 높은 에너지 수준을 가진 사람이 관계론의 모형을 제대로 형성했을 때 나타난다. 모든 행운이나 성공은 혼자의 힘보다는 관계론의 모형_{공존} 속에서 만들어진다. 성공한 사람들의 관계론을 살펴보면 이 사실을 분명히 알 수 있다.

특히 2인자들의 삶을 보면 그들은 1인자를 만들면서 동시에 자신은 2인자로서 확고한 지위를 누린다. 만약 관계론을 무시하고 자신이 1인자가 되려고 했다면 어떻게 되었을까? 분명 2인자 자리는커녕 역사의 뒤안길로 사라지고 말았을 것이다.

역사 속에서 보면 전화위복을 이끌어가는 절묘한 관계론의 반전을 어렵지 않게 찾을 수 있다. 그 대표적인 사례가 김종필 전 자민련 총재와 박정희 전 대통령의 관계다.

먼저 김종필의 관계론을 보면 불운을 어떻게 전환하여 행운을 끌어왔는지를 알 수 있다. 그는 1980년대 '정풍운동'에 의해 육군 중령으로 전역했다. 당시 일생일대의 화를 맞이했던 것이다. 그러나 김종필은 악운의 위기를 기회의 디딤돌로 삼아 거대한 프로젝트를 구상했다. 악운인데도 목숨을 건 혁명을 결심한 것이다. 혁명의 주체 세력은 관계론에서 보면 당시 김종필 예비역 중령 부인의 삼촌인 박정희 소장이었다. 그는 처삼촌인 당시 박정희 장군을 만나 혁명의 거사에 가담하도록 설득하고 김형욱 전 중앙정보부장을 비롯한 동기생들을 끌어들였다.

생명을 담보로 하는 5.16 군사정변은 이렇게 태동되었다. 쿠데타는 성공했고 그는 스스로 행운을 만들어 2인자 자리에 오를 수 있었다. 그러나 2인자의 삶은 평탄하지 않았다. 그는 민주공화당 총재와 국무총리를 역임했지만 엄청난 견제를 받았고 박정희 대통령 서거 후인 1980년대 초에는 신군부 세력에 의해 정치 활동을 금지당하기도 했다. 하지만 그는 자신을 휘감고 있던 화禍에 굴하지 않고 스스로 구축한 관계론을 활용하여 화려하게 재기에 성공했다.

이후에도 김종필의 삶은 드라마보다 더 드라마틱하게 전개되었다. 그는 관계론의 대가였으며 특히 정치적 관계론은 세 차례의 킹메이커 역할과 관련이 있다. 첫 번째 킹메이커 역할은 앞서 언급한 박정희 전 대통령과의 관계 속에서 이루어졌다. 두 번째 킹메이커 역할은 제13대 국회의원 선거에서 신민주공화당이 총 35석을 차지하여 원내 제4당으로서 입지를 차지할 때였다. 그는 '지지기반 약화'라는 상황을 타개하고 정치 입지를 강화하기 위해 1990년 1월 당시 집권 여당인 민주정의당, 제2 야당인 통일민주당과 '3당 합당'을 이끌어냈다.

그리하여 민주자유당민자당 창당에 참여하고 공화계의 대표로서 민자당 최고위원직을 맡았다. 이러한 그의 행보는 당시 노태우 대통령의 정치적 안정과 제2 야당인 통일민주당의 김영삼 총재가 제14대 대통령 선거에 출마하여 당선될 수 있는 기반을 마련해 주었다. 실제 김종필은 1992년 5월 민자당의 대통령 후보 경선을 포기하고 김영삼의 후보추대위원회 명예위원장직을 수락했고, 5월 전당대회에서 민자당 최고위원으로 재추대되어 김영삼 대통령의 킹메이커 역할을 충실하게 수행했다.

세 번째 킹메이커 역할은 1995년 3월 자유민주연합자민련을 창당하고 1996년 4월 15대 국회의원 선거에서 자민련 후보로 출마해 당선되었을 때다. 당시 15대 대통령 선거를 앞두고 야권 후보 단일화 논의가 거듭되었다. 그리하여 1997년 11월 새정치국민회의국민회의와

집권 후 내각책임제 개헌을 조건으로 김대중 국민회의 총재로의 대통령 후보 단일화에 합의했다. 영남권에 지지 기반을 가진 박태준을 자민련 총재로 영입해 이른바 '김대중, 김종필, 박태준' 연합을 성사시켰다. 그렇게 함으로써 국민회의 김대중 후보의 지역적 지지 기반을 충청권·영남권으로 확대해 김대중의 킹메이커 역할에 크게 기여했다.

김종필을 한마디로 정의한다면 관계론의 대가라 할 수 있다. 그는 관계론을 통해 기회를 잡기도 했고 또 그로 인한 위기에 봉착하기도 했다. 그의 삶은 전화위복과 반전의 과정을 거듭하며 나름의 결실을 거두었다.

관계론에서 보면 박정희 전 대통령도 전화위복의 극적인 반전을 거듭한 인물이다. 그는 첫 번째 부인과의 슬하에 딸이 한 명 있었다. 그럼에도 불구하고 끝내 가족에게 돌아가지 않았다. 그 때문에 두 번째 여인과의 만남을 전후해서 엄청난 시련과 고통을 겪어야 했다. 가장 먼저 친형 박동희의 군내 '빨갱이 사건'에 연루되어 육군 중령으로 강제 퇴역을 당하는 화禍를 당했다. 그뿐만 아니라 두 번째 여인이 떠나자 실의에 빠져 권총 자살할 생각마저 했다. 그에게 악운을 가져다준 친형이라는 선천적 관계론과 두 번째 여인이라는 후천적 관계론이 비틀어짐으로써 시련을 겪게 된 것이다.

한동안 비참한 생활을 보내던 중에 절처봉생絶處逢生이 찾아온다. 절처봉생이란 끊어진 자리에서 생명이 일어난다는 의미로 박정희 전 대통령에게는 재기의 기틀이 된 6.25전쟁이 터졌던 것이다. 친형이 좌익 활동을 하여 처형된 집안 내력으로 보면 절대로 있을 수 없는 복직이 이루어졌다.

당시 박정희의 귀인Sponsor은 장도영 장군이었다. 그는 전시 상황에서 장교 인력이 부족하자 박정희를 군대로 복귀시켰다. 복직이 이루어지기 전 주변의 반대가 심했지만 장도영은 끝까지 그를 천거했다.

이후 박정희는 일생일대의 관계론을 맺게 된다. 바로 육영수 여사와의 만남이다. 이미 한 번의 결혼 전력이 있었고 나이가 많은 박정희에게 처녀 육영수는 그야말로 엄청난 에너지 공급원이 되었다. 육영수 여사의 내조 덕분에 엄청난 악운을 성장의 기회로 삼은 박정희는 조카사위 김종필과의 만남으로 5.16 군사정변을 치루고 정치가로 변신한다. 이후 국가최고재건위원회 의장을 거쳐 마침내 대통령이 되었다.

역사에는 가정법이 없다고 하지만 만약 2인자 김종필이 없었다면 과연 대통령 박정희가 존재할 수 있었을까? 또한 전화위복의 반전이 없었다면 그들의 쿠데타가 가능했을까? 역사 속에서 살펴보면 한 인물의 성장과 성공의 배경에는 반드시 전화위복의 순간과 치밀한 관계론이 깔려 있다.

목표의식이 운명을 만든다

🐾 21세기 디지털 유목민 시대에 어찌 농경민의 의식을 가지고 운명을 개척할 수 있겠는가. 디지털 유목민이라면 언제라도 목숨을 걸고 자신의 운명과 과감히 싸워야 한다.

절대적 신념은 기적을 만든다

운명을 개척하고자 한다면 먼저 '올바른 선택'을 할 수 있는 힘을 길러야 한다. 그러기 위해서는 자신의 에너지 수준을 강화하고 그 속에서 관계론의 모형을 완성할 때 비로소 운명을 개척할 수 있다.

1990년대 초부터 2005년까지 나는 '부자 에너지' 연구를 위해서 10억 이상 재산을 가진 부자 500여 명을 만나 인터뷰를 한 적이 있다. 그들이 어떻게 부를 쌓으며 운명을 개척했는지 궁금했기 때문이다. 그중 특기할 만한 사항은 그들의 성공 스토리에는 어김없이 '멘토'와 '귀인'이 존재했다는 점이다. 자신이 선택한 운명을 완성해 주는 사람들에는 부모, 형제자매, 친구, 선후배, 상사 등이 있다.

관계론에서 보면 자신의 운명을 선택하고 개척해 나가는 것은 큰 의미가 있다. 실제 성공한 사람들은 예외 없이 자신의 운명을 스스로 선택하고 운명을 만들어 나갔다. 반면 운명의 논리를 수동적으로 받아들이고 팔자타령을 하는 사람들은 고난에 굴복하며 스스로 고행의 길로 들어서는 경우가 많았다.

21세기 디지털 유목민 시대에 어찌 농경민 의식을 가지고 운명을 개척할 수 있겠는가. 디지털 유목민이라면 언제라도 목숨을 걸고 자신의 운명과 과감히 싸워야 한다.

다음은 GE의 회장 잭 웰치가 회사 직원 중 10퍼센트를 구조 조정하면서 했던 말이다.

"이제 제가 여러분들에게 새로운 기회를 드리겠습니다."

이 말은 명예퇴직자 명단에 오른 당사자들 입장에서야 억울하게 들릴지 모르지만 관점에 따라 회사에서 해고당해 좌절하기보다는 인생에서 새로운 기회를 잡는 계기로 삼으라고 생각할 수도 있다.

살다보면 수없이 많은 고난과 난관에 부닥칠 수 있다. 그때야 말로 절대긍정의 힘이 필요하다. 어떤 안 좋은 상황이나 징크스에서도 긍정의 힘을 믿어라. 한 순간의 생각과 언행이 곧 당신의 운명이 될 것이다.

세계 정복의 야망에 불타던 젊은 알렉산더 대왕은 소수 병력만으로 당시 세계 최강 전력을 자랑하던 페르시아대군과 격전을 앞두고 있었다.

격전을 앞둔 어느 날 밤 그의 가장 절친한 친구이자 신하가 검은 구름이 달을 가리자 불길한 징조라고 예언했다. 그러자 대부분의 신하들이 전쟁에 반대하고 나섰다. 가만히 이야기를 듣고 있던 알렉산더 대왕이 말했다.

"여기서 그렇게 보인다면 저쪽에서도 똑같이 보이지 않겠는가. 그렇다면 무엇을 두려워할 것인가."

운명은 절대 정해진 것이 아니다. 단지 두려움을 극복하고 스스로의 운명을 개척하는 것이다. 알렉산더 대왕은 그 다음날 전쟁에서 대승을 거두었다.

명나라를 건국한 홍무제 주원장과 관련한 유명한 일화도 있다. 그는 원나라 말 안휘성의 가난한 한족 집안에서 태어나 열일곱 살에 고아가 되었다. 가뭄과 기근이 극에 달하자 탁발승이 되어 살다가 전란 중에는 비적 무리의 졸개가 되었다. 아무도 알아주는 이 없었지만 그는 혁혁한 전과를 올리며 반란군의 제2인자가 되었고 원나라 몽골군을 중원에서 몰아내는 데 성공했다.

이후 양반 사대부 집안의 멸시와 견제에 시달리면서도 자신의 운명을 개척하기를 포기하지 않았고 끝내는 명나라 초대 창업을 이루는 황제가 되었다.

주원장이 몽골과의 마지막 전쟁을 목전에 두고 막 아침식사를 먹으려고 했을 때였다. 갑자기 상다리 하나가 부러지며 음식이 쏟아졌다. 그러자 음식을 나르던 하인을 비롯한 부하들이 사색이 되었다. 작은 실수도 용납되지 않는 전시 상황이라 자칫 목이 달아날 수도 있었다. 상다리가 부러지는 모습을 물끄러미 바라보던 주원장은 순간 벌떡 일어나 상을 발로 힘차게 걷어차며 말했다.

"오늘은 승리의 날이다. 승리 후에 아침을 먹으라는 하늘의 계시다. 모두들 식사를 중단하고 단숨에 내달려 승리의 깃발을 꽂으라."

그의 확신에 찬 기세는 순식간에 군사들의 사기를 높였고 군사들은 거침없이 내달려 승리를 거두었다.

알렉산더 대왕이나 주원장 황제의 사례에서 보듯 징크스의 논리도 개인이 스스로 만들어내는 것이다. 운명 개발의 핵심은 '선택'에 달려 있다. 운명을 선택하기 위해서는 에너지 수준을 높이고 관계론을 새롭게 구축해야 한다. 운명의 논리는 어디까지나 당신의 선택에 달려 있고, 궁극적으로 모든 운명은 당신으로부터 비롯된다.

목표를 가진 자만이 멋진 미래를 산다

하버드 대학교에서 실시한 성인 발달에 관한 〈그랜트 연구〉는 목표 의식이 운명을 어떻게 만들어 내는지 잘 보여 준다.

자선 사업가 윌리엄 그랜트는 대학교 보건 소장 알리 보크 박사와의 만남에서 의학 연구가 지나치게 질병 쪽에만 비중을 두고 있다는 데 뜻을 같이하여 1937년 인간의 운명 의식에 관한 종단 연구를 시작했고 1967년이 되어서야 30년간의 데이터를 수집할 수 있었다.

그 후 5년여의 연구를 통해 꿈과 목표가 인생에 어떤 영향을 미치는지에 대한 놀라운 결과를 발견했다. 연구 참가자들은 IQ와 학력, 자라온 환경 등이 서로 비슷한 사람들로 선별했다. 1937년 연구 참가자들은 자신의 목표에 대해 다음과 같이 대답했다.

1. 목표가 없다.(27퍼센트)
2. 목표가 희미하다.(6퍼센트)

3. 단기적인 목표가 있다.(10퍼센트)

4. 명확하면서도 장기적인 목표가 있다.(3퍼센트)

그로부터 30년이 지난 1967년, 그들의 삶은 다음과 같이 변해 있었다.

1. 목표가 없던 27퍼센트는 '최하위층' 생활을 하고 있었다. 취업과 실직을 반복했고 사회의 구제를 기대하고 있었다. 또한 현재의 상황을 타인의 탓으로 돌리거나 스스로 학대했다.

2. 목표가 희미했던 6퍼센트는 대부분 '중하위층' 에 머물러 있었다. 그들은 안정된 상태이긴 했지만 10퍼센트의 사람들에 비해 뚜렷한 성과를 내지는 못했다.

3. 단기적인 목표를 가지고 있던 10퍼센트는 대부분 '중상층' 생활을 유지하고 있었다.

4. 명확하고 장기적인 목표를 가지고 있던 3퍼센트는 30년 후에 사회의 각계각층에서 '최고명사' 가 되어 있었다. 그들은 자수성가형 리더였으며 사회의 주도적인 위치에서 영향력을 발휘하고 있었다.

〈그랜트 연구〉 결과는 운명의 선택이 우리 인생에 어떠한 결과를 가져왔는지를 잘 보여 준다. 이 연구 참가자들 대부분은 살면서 수없이 많은 어려움을 겪었다. 그럼에도 불구하고 명확하고 장기적인 목표를 가지고 운명을 선택한 3퍼센트의 사람들만이 자신의 가혹한 운명과 맞서 싸우며 멋진 미래를 만들어 갔다. 즉 그들에게 문제가 없었던 것이 아니라 닥친 문제를 현명하게 해결해 나감으로써 높은 성취를 이루어냈던 것이다.

기억하라! 운명의 소용돌이 속에 자신을 내맡기기보다는 스스로 운명을 선택해 개척해 나갈 때 비로소 진정한 운명의 주인이 될 수 있다.

궁합의 유혹_
궁합, 볼 것인가 말 것인가?

──────── "살이 끼었어. 결혼하면 한쪽이 죽는 궁합이야."

궁합을 보러 가면 흔히 들을 수 있는 이야기다. 사주 감정을 할 때보다 한층 더 폭력적인 단어들이 서슴없이 나오는 경우도 있다. 두 사람의 집안 차이가 크게 날 경우 당사자가 없는 상태에서 보면 그 정도는 더 심해진다.

일반적으로 궁합은 사주를 본 이후에 본다. 그런데 사주의 성격, 적성, 특성, 건강, 에너지가 대략적으로 적중하면 궁합에 대한 신빙성이 높아지기 때문에 무조건 믿으려는 경향이 있다. 그러면 자식을 둔 부모로서는 최선의 선택을 하려는 것은 당연하다.

"절대로 결혼시키면 안 됩니다. 결혼하면 되는 일도 없고 좋은 자손을 두기도 힘듭니다."

만약 이런 말을 듣게 된다면 누가 결혼을 반대하지 않겠는가.

주변에서 궁합이 맞지 않다는 이유로 사랑하는 사람과 헤어져서 평생을 그리워하는 사람들을 자주 보았다. 때로는 사랑하지 않는데도 궁합이 맞는다는 이유로 결혼하는 사람들도 없지 않다. 궁합에는 이데올로기와 비슷한 속성이 있다. 이상적인 원칙을 세워놓고 무조건 강요하는 극단성이 그러하다. 궁합이 중국의 원나라몽고족 귀족들이 명나라한족의 명문대가의 자제에게 청혼을 할 때 거절하는 방편으로 쓰였다는 설이 유력한 것만 보아도 짐작할 수 있다. 사실 절대 불가한 궁합은 없다. 살이 끼었다는 것은 살성殺星 즉 강한 별자리의 기운으로 인해 특별한 에너지를 지녔다는 의미다.

결혼의 반대 명분으로 악용되는 도화살이나 상충살, 원진살, 과숙살, 공망살 등은 특별한 에너지로 현대 사회에서는 오히려 긍정적으로 작용을 한다. 봉건시대의 신분 제도와 노동력 위주의 사회에서는 특별한 에너지가 문제가 되기도 했지만 현대 사회에서는 오히려 이러한 에너지가 장점이 될 수 있다.

예를 들면 '도화살'은 다른 사람에게 인기를 끄는 에너지가 될 수 있고, '상충살'은 활동력이 강한 에너지라서 좋다. 또 '원진살'은 감수성이 예민해서 좋고 '과숙살'은 정서적인 에너지가 강해서 좋으며, '공망살'은 자의식 에너지가 강해서 좋다. 다만 그 강한 에너지를 잘 다스리지 못하거나 에너지가 한쪽으로 쏠릴 때 간혹 나쁜 작용으로 나타날 수 있다.

사실 이런 살이 낀 것은 에너지의 작용력으로 궁합과 하등의 관계가 없다. 정작 나쁜 것은 서로 만나서 자주 싸우거나 불편한 데도 궁합이 좋다고 결혼하는 경우라 할 수 있다.

궁합은 결코 복잡하지 않다. 두 사람이 깊이 사랑하고 함께 있으면 행복하며 대화가 잘 통한다면 그것으로 이미 궁합은 좋다고 할 수 있다. 물건을 구매한 후의 만족도처럼 서로의 만족도가 높고 성장과 발전에 도움이 된다면 좋은 궁합이라 할 수 있다.

관계론에서 말하는 안 좋은 궁합은 체질적으로 완전히 정반대이면서 에너지 교류가 일어나지 않는 경우에 해당한다. 예를 들면 체질이 달라서 감정, 정서, 지적 수준, 음식, 취미 등이 맞지 않다면 궁합도 맞지 않다고 본다.

그런데 젊은 연인들이 궁합이 안 좋다는 이유로 부모의 결혼 반대에 직면해서 상담을 청해오는 경우를 보면 실제 궁합이 나쁜 경우는 거의 없다. 두 사람이 간절하게 사랑하면 그 궁합은 좋다. 설령 체질이 반대라고 해도 에너지 수준을 높인다면 충분히 좋은 궁합이라 할 수 있다.

Chapter 03

관계론의 모형에
성공이 숨어 있다

관계론을 알면
성공이 보인다

✿ 관계론의 모형은 그 자체로 엄청난 에너지 상승과 시너지 효과를 발휘한다. 이 모형이 제대로 형성되면 돈, 명예, 권력에 상관없이 누구나 무한한 행복을 누릴 수 있다.

행운을 끌어당기는 파트너의 힘

별은 하나만으로 별자리가 될 수 없다. 두 개 이상의 별이 만나 별자리가 되고 천체의 인력을 유지하며 운행한다. 관계론도 마찬가지다. 연예계의 스타만 별은 아니다. 모든 인간은 태어나면서 별이 되고 별자리, 즉 관계론의 모형을 형성하며 살아간다. 밤하늘을 수놓은 카시오페이아자리, 전갈자리, 물병자리처럼 인간 역시 관계론의 모형을 이루며 살아간다.

인간 사회도 별자리와 마찬가지로 인력引力을 유지하며 살아간다. 따라서 절대 독불장군이 승리하는 법은 없다. 하나의 별인 개인은 다른 별들과 어울려 관계론을 형성하고 인력을 유지하며 성장, 발전, 쇠퇴를 거듭해 나간다.

따라서 관계론의 모형은 운세Fortune를 가름하는 주요한 변수가 된다. 한 사람의 삶에서 꼭 필요한 관계론의 모형이 형성될 때만이 에너지가 증폭되어 힘으로 나타난다. 그 이유는 관계론의 모형을 통해 에너지가 상승하고 시너지 효과를 불러일으킬 수 있기 때문이다.

외로울 때는 누군가 곁에 있는 것만으로 힘이 된다. 특히 자신의 에너지 파동을 증폭시켜 줄 단 한 사람의 파트너만 있어도 엄청난 에너지를 발휘할 수 있다. 예를 들어 직장에서 한 사람의 주도적 역할로 조직의 화합을 이룰 수 있다. 또 한 사람의 리더가 조직의 사기를 끌어올려 큰 성과를 이루는 경우도 있다. 이것은 개인의 드러난 능력만으로는 가능할 수 없는 '관계'에 의한 조직의 에너지 때문이다.

한 사람의 탁월한 힘을 중심으로 조직이 크게 성장한 사례를 보면 이러한 사실을 확인할 수 있다. 그 대표적인 사례가 서울의 강남에 있는 능인선원이다. 이곳은 처음 강남의 후미진 쪽방에서 신도 4명을 상대로 포교를 시작하여 불교대학의 선풍을 일으킨 본산지다. 몇 사람의 뭉쳐진 조직 에너지가 지금은 100만 신도를 자랑하는 힘으로 나타난 것이다.

능인선원을 세운 지광 스님과 최초의 신도들 사이에 형성된 관계론은 비록 외형은 보잘것없었으나 거기에는 큰 꿈과 목표가 있었다. 인간과 자연, 너와 나의 공존을 지향하는 수많은 봉사자들의 순수한 에너지와 일사불란한 조직의 에너지가 조직을 성장시키고 계속해서 발전을 이루는 힘이 되었다.

별자리의 인력과 마찬가지로 관계론의 모형은 제대로 형성되기만 하면 엄청난 에너지를 발휘한다. 작은 인연이라도 관계론이 잘 구성되면 나중에 큰 힘을 발휘하는 경우가 적지 않다. 처음부터 거창하게 조직화할 필요는 없다. 단 한 사람만이라도 확실한 관계론을 형성하면 저절로 관계가 공고해지면서 확고한 인맥으로 자리매김하게 된다.

비즈니스 세계에서 성공적으로 살아남기

비즈니스 세계에서는 네트워킹Net wokring이라고 해서 인맥을 연결시켜 주는 기술을 중요시하지만 관계론에서는 꼭 그렇지만은 않다. 분명 네트워킹은 필요하다. 화려한 인맥을 자랑하는 사람들이 승진이나 사업에서도 도움을 받을 가능성이 높기 때문이다. 하지만 사람들과 접촉하며 많은 인맥을 쌓는 것만이 성공적인 비즈니스로 가는 지름길은 아니다.

관계론의 관점에서는 오히려 한 사람씩 착실하게 관계론을 형성해 나가는 것이 더 중요하다. 외형적인 측면보다는 실질적인 관계론의 모형을 완성하는 것이 훨씬 강한 에너지로 나타나기 때문이다.

그렇다면 비즈니스의 네트워크와 관계론의 모형 사이에는 어떤 차이가 있을까? 관계론의 모형은 깊이 있는 인간적 유대를 바탕으로 에너지 교류가 이루어질 수 있는 사랑과 화합을 전제로 성립된다. 또한 많은 사람을 아는 것보다 단 한 사람이라도 깊이 있는 에너지 교류를 할 수 있는 진정성을 가질 때 비로소 관계론의 모형은 완성된다.

이에 비해 비즈니스 네트워크는 깊이보다는 넓이의 성격을 띠며 특정 이익이나 코드 중심으로 구성된다. 또한 정보와 도움이 필요한 사람들 사이의 조직화된 구조로 에너지 교류를 할 수 있는 깊이가 부족하다.

관계론의 모형은 비지니스 네트워크에 비해 사랑과 화합의 에너지가 훨씬 강력하게 작용한다. 그러나 이 두 개의 개념은 서로 섞여 있기 때문에 엄격하게 구분할 필요는 없다. 다만 관계론의 모형은 자연법칙에 따르는 것이 가장 바람직하다. 관계론을 통해서 자신의 강점을 강화시켜 주는 별사람과 약점을 보완해 주는 별사람을 찾아내야 한다. 그런 다음 관계론 형성을 위한 씨앗을 뿌리고 충분한 시간을 들여 가꾸어 나가야 한다.

우주의 별자리가 수억 년에 걸쳐 형성되듯 관계론의 모형도 오랜 기간에 걸쳐 정성을 들여 만들어 가야 한다. 코드가 맞을 때는 한순간에 별자리를 형성할 수 있지만, 대부분의 경우 오래 묵은 포도주처럼 숙성 기간이 필요하다. 그렇지만 관계론의 모형이 완성되기만 하면 에너지가 엄청나게 증폭되어 비약적인 발전을 할 수 있는 기반이 마련된다.

관계론의 모형은 그 자체로 엄청난 에너지 상승과 시너지 효과를 발휘한다. 이것이 제대로 형성되면 돈, 명예, 권력에 상관없이 누구나 행복을 누릴 수 있으며 어떤 난관도 쉽게 극복할 수 있는 힘을 갖게 된다.

관계론의 모형과 팀플레이

✹ 순수한 직관력은 상대방의 에너지 파동을 느낌으로써 확인하게 한다. 대개 직관력이 감지하는 느낌이 좋으면 좋은 인연이 되고 나쁜 느낌이 들면 악연이 되는 경우가 많다.

같은 꿈을 꾸는 사람은 성공의 가속페달

인생은 수없이 많은 팀들과 어울려 팀플레이를 하며 살아간다. 밤하늘의 별들이 별자리를 구성하고 일정한 궤도를 유지하며 항해를 하듯 인간도 단독자로 태어나서 관계론의 모형을 형성하며 자신의 궤도를 형성하며 살아간다. 별과 인간은 동일한 오체의 형상이며 빛과 파동의 에너지로 생성과 소멸을 반복한다. 그런 점에서 하늘의 별과 지상의 별인 인간의 삶은 비슷하다.

인간 역시 별자리의 활동과 같은 팀플레이Team play를 한다. 인간은 태어나면서 하나의 팀인 가정을 만나고 성장한 이후에는 새로운 팀인 가정을 꾸리며 사회에 진출해서도 조직 생활을 한다.

인간은 결코 조직을 떠나서는 살아갈 수 없는 존재다. 어디에서 무엇을 하든지 팀내에서 관계론을 맺게 된다. 그렇기 때문에 관계론의 모형은 팀의 개념으로 봐야 하며 삶 자체가 팀플레이로 이루어진다고 할 수 있다.

현대 경영학에서도 가장 강조하는 것이 '팀워크Team work' 다. 글로벌 경쟁 체제에서 과거에 비해 팀의 조직력이 더욱 더 요구되고 있다. 최고경영자는 전 사업부와 심지어 회사 조직 전체를 한 팀으로 생각한다. 조직의 모든 구성원이 팀의 목적과 목표를 달성하여 조직의 발전을 도모하는 방향으로 발전하고 있다. 5,000년 동양 철학의 문화 속에서 강조되었던 '통합과 화합'이 이제야 동서양 문화에 널리 전해지고 있는 것이다.

관계론의 3가지 모형

관계론을 보면 팀플레이는 더욱 확실해진다. 가장 기본적인 조직 단위인 가정이라는 팀을 비롯하여 모든 관계가 팀으로 구성되어 있다. 한 사람이 태어나 가족 구성원이 되고 분가하여 새로운 팀을 구성하고 사회적 관계를 형성하는 전 과정이 팀플레이를 위한 것이다.

따라서 관계론으로 팀플레이를 파악하는 것은 대단히 중요하다. 모든 관계는 선천적 관계론, 후천적 관계론, 사회적 관계론 이 3가지 모형을 통해 팀을 퍼즐처럼 짜맞추어 나가며 에너지 조율을 한다.

▪ 선천적 관계론의 모형

선천적 관계론의 모형은 결혼 이전의 팀이다. 부모와 형제들로 구성된 관계론의 모형이 형성되며 이 관계는 성장기를 중심으로 평생에 걸쳐 영향을 미친다. 흔히 말하는 태생적 한계라는 가정환경이나 유전성 등 자신의 의지와는 무관한 조건들이 주어지며 성장기 이후의 관계론에도 많은 영향을 미친다. 선천적인 관계론의 모형이 중요한 이유는 다음과 같다.

첫째, 한 사람의 선천적 에너지는 부모의 관계론으로부터 절대적 영향을 받는다. 관계론으로 보면 아버지의 사주와 어머니의 사주에 나타난 자식의 포지션에 에너지의 역학관계가 형성되어 강력한 영향을 미친다. 예를 들면 A는 훌륭한 부모를 둔 뛰어난 아들로 포지션이 나와 있다면 A는 최상의 관계론의 조건을 타고난 것으로 볼 수 있다. 거기에다 가정환경도 좋고 가족 간에 사랑이 넘치면 A는 자신의 체질과 에너지의 수준을 조금만 높여도 크게 성공할 수 있다.

반대로 B는 무능한 부모의 무능한 아들로 포지션이 나와 있다면 최악의 관계론의 조건을 타고난 것으로 볼 수 있다. 거기에다 가정환경도 나쁘고 가족의 불화가 심하다면 B는 자신의 체질과 에너지의 수준이 아무리 좋아도 큰 발전을 이룰 기반이 A에 비해 상대적으로 약할 수밖에 없다. 선천적 관계론의 모형으로 보면 성장기에 부모의 에너지가 자식에게 미치는 영향력은 80퍼센트 이상으로 절대적으로 작용한다.

둘째, 형제간 관계론은 한 사람의 선천적 에너지에 많은 영향을 미친다. 형제간 사주에서 자신의 포지션을 찾아 관계론을 보지만 부모의 관계론에 비하면 상대적으로 약하다. 그러나 만약 부모 중 한쪽이 없거나 형제들끼리 의지하며 살아가는 경우에는 형제에게 절대적인 영향을 받는다. 정상적인 가족 구성을 이룰 경우에 형제는 라이벌 혹은 파트너 관계로 에너지 교류를 하게 되며, 성장기 이후에도 우애가 지속되는 한 서로에게 많은 영향을 주고받게 된다.

셋째, 선천적 관계론은 가정의 사랑과 화합이 가장 중요한 작용력을 지닌다. 이때 부모형제의 사주에서 자신의 포지션을 찾아 관계론의 모형을 확인하면 도움을 받을 수 있다. 하지만 부모형제, 즉 가족 간 사랑이 넘치고 가정 환경도 원만하다면 개인의 체질이나 에너지 수준은 언제든지 좋아질 수 있다. 이 경우 사주에서 포지션을 찾을 필요 없이 개인적인 노력을 통해 에너지 수준을 높이고 발전할 수 있는 기틀을 충분히 다져나가는 것이 좋다.

넷째, 결손 가정에서 관계론의 모형이 파괴되어 있으면 극단적 에너지의 영향을 받는다. 부모의 이혼이나 사망으로 인한 결손이나 극심한 불화가 있는 가정에서 성장할 경우에는 사주의 포지션과 관계없이 극단적인 에너지가 작용한다. 선천적 관계론의 모형이 온전하지 못할 경우 개인의 의지에 따라 강력한 에너지의 작용으로 큰 발전을 할 수도 있고 반대로 에너지가 위축되어 침체를 겪을 수도 있다. 그러나 어느 쪽이든 선천적 관계론의 모형이 파괴되며 무의식중에 그 상처가 내면에 축적되어 평생을 따라다닌다.

이외에도 선천적 관계론의 중요성은 많다. 가정교육이나 상담 심리학에서 다루는 성장기 환경의 중요성에 대해서는 더이상 강조할 필요가 없을 정도다. 그러나 관계론에서는 이러한 모든 점을 수용하기보다는 선천적 에너지가 어떻게 경험과 성장에 영향을 주며 발전의 기틀을 마련하는가에 중점을 둔다.

이상의 조건으로 미루어볼 때 선천적 관계론은 한 인간의 탄생에서 성장기와 그 이후까지 막강한 영향을 미친다. 왜냐하면 선천적 관계론의 모형이 얼마나 안정되었는가에 따라 후천적 관계론과 사회적 관계론이 결정되기 때문이다.

■ 후천적 관계론의 모형

후천적 관계론의 모형은 결혼을 한 이후에 형성된다. 기본적으로는 선천적 관계론의 영향을 받기도 하지만 대부분 개인의 의지와 선택을 통해 이루어진다. 결혼은 후천적 관계론의 출발점으로, 남성과 여성이 혼합복식조의 팀을 맺게 되며 동시에 후천적 관계론의 모형 갖추기가 시작된다.

후천적 관계론이 중요한 이유는 사회적 관계론의 베이스캠프가 되기 때문이다. 또한 '관계론의 꽃'이라고 할 수 있는 부부 인연을 맺게 됨으로써 인생의 전환점을 맞게 되며 삶에서 가장 의미 있는 가치를 추구하게 된다. 후천적 관계론이 중요한 이유는 다음과 같다.

첫째, 부부의 관계론에서 가정의 에너지가 달라지며 운세에 많은 영향을 미친다. 남편의 관계론에서 아내의 포지션을 보고 반대로 아내의 관계론에서 남편의 포지션을 보면서 에너지의 흐름을 살펴보면 많은 변화가 발생한다. 예를 들면 남편의 관계론에서 아내가 어질고 덕이 있으며, 아내의 관계론에서 남편이 인품이 좋고 훌륭하면 운세도 좋아진다. 반면 남편의 관계론에서 아내가 매우 병약하고 힘이 없으며, 아내의 관계론에서 남편이 괴팍하고 무능력하면 팀에 문제가 발생한다. 이 경우 기본적으로 두 사람의 관계는 점차 불화가 심화되고 운세는 매우 나빠진다. 이때 최선의 문제 해결 방법은 관계의 치유를 통해 사랑 에너지를 회복하는 것이다. 최악의 부부 인연이라도 두 사람이 함께 노력한다면 운세가 바뀌게 되고 행복도 되찾을 수 있다.

둘째, 후천적 관계론에서 자녀의 탄생으로 인한 변수가 작용한다. 부부의 관계론에서 자녀의 탄생이 더해지면 자녀의 사주에서 부모의 포지션을 통해 변수가 많아진다. 자녀의 탄생은 그 자체가 강력한 에너지이기 때문에 부모의 에너지 흐름에까지 영향을 미친다.

'복동이'라는 말이 있다. 아들 혹은 딸을 낳고 나서 부부의 금실이 좋아지거나 하는 일이 크게 잘되어 집안이 부유해지는 경우를 말한다. 단순한 덕담이 아니라 실제 그런 에너지의 작용력이 있다.

반면에 자녀의 탄생 이후 집안의 가세가 기우는 경우도 있다. 중증 장애아를 낳은 경우를 제외하고도 자녀를 낳고 관계론의 에너지 변화로 인해 집안이 망하거나 부부가 이혼하는 경우도 있다.

셋째, 가정의 사랑과 화합의 정도에 따라 후천적 관계론의 에너지와 운세에 변수가 따른다. '가화만사성'이라는 말처럼 가정의 사랑과 화합은 아무리 강조해도 모자람이 없다. 후천적 관계론에서 가족 간 사랑과 화합은 에너지 수준과 운세에 절대적인 영향을 미친다. 후천적 관계론은 개인의 에너지와 능력뿐만 아니라 사회적 관계론의 형성에도 지대한 영향력을 행사한다. 즉 후천적 관계론에서 가정의 사랑과 화합이 강할수록 운세는 강력해지고 하는 일마다 잘되며 평화가 유지된다. 반면 후천적 관계론의 모형이 파괴되면 개인의 에너지가 아무리 뛰어나도 능력을 발휘하기가 힘들다.

회사를 운영하다가 부도가 난 가정을 보면 상황이 대체로 이러하다. 부도가 나면 대부분 부부가 이혼을 하거나 가족이 해체되는 비운을 맞이한다. 회사가 부도가 나서 가족이 해체된 것보다 가족의 불화가 원인이 되어 회사가 부도가 나는 경우가 더 많다. 부도가 난 후 재기 여부는 가족애와 관계론의 모형을 보면 잘 나타난다.

중학교 친구 J군은 고향에서 사업을 하다가 IMF 직후 부도가 나는 바람에 서울로 도망을 쳤다. 결혼 후 세 번째 사업 실패였다. 당시 나는 친구에게 반드시 재기에 성공할 수 있다고 격려했다. 그 이유는 가족 간 돈독한 사랑과 재기에 대한 친구의 강한 의지를 누구보다 잘 알고 있었기 때문이다.

아내와 자식에 대한 그의 애정은 뜨거웠고 재기 후 반드시 부도에 대해 보상하겠다는 결심이 확고했다. 얼마 후 그는 기적처럼 재기에 성공했다.

후천적 관계론은 성인이 된 후 사회적 활동을 하는 데 절대적인 영향을 미치기 때문에 관계론에서 50퍼센트 이상의 비중을 차지한다. 즉 한 사람의 관계론에서 어떤 배우자를 만나느냐에 따라 운세가 전혀 달라질 수 있다는 의미다.

바보 온달과 평강 공주의 예를 보더라도 부부 사이의 에너지는 운세에 절대적인 영향을 미친다. 따라서 후천적 관계론의 모형은 맺을 때는 그 어느 때보다 신중해야 한다.

〈그림 1〉은 관계론의 모형 중 선천적 관계론과 후천적 관계론이 미치는 영향력을 보여 주고 있다.

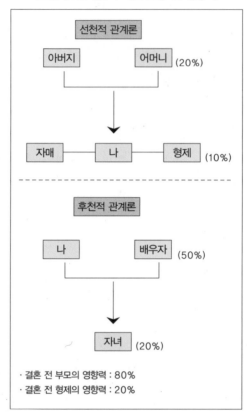

〈그림 1〉 관계론의 기본 모형 및 영향력

선천적 관계론은 성인이 되기 전에는 부모가 약 80퍼센트의 영향을 미치며 형제는 20퍼센트 정도의 영향을 미친다.

그러나 결혼을 한 이후 후천적 관계론의 적용을 받게 되면 배우자의 영향력이 50퍼센트로 절대적이며, 부모는 20퍼센트, 형제는 10퍼센트, 자녀가 20퍼센트의 영향을 미친다.

이렇게 보았을 때 관계론의 기본 모형에서 가장 강력한 영향을 미치는 사람은 배우자다. 부모형제가 에너지의 본산이기는 하지만, 배우자를 통해서 발산되는 사랑의 에너지가 전체적으로 큰 변화를 일으키기 때문이다.

■ 사회적 관계론의 모형

"안 받아도 예쁜 사람이 있고 줘도 미운 사람이 있다."

사회생활을 하다보면 조직 안에서 반드시 이런 사람을 한두 명은 만나게 된다. 싫은 사람과 날마다 한 공간에서 생활해야 한다고 생각해 보라. 얼마나 죽을 맛일지……

사회적 관계론은 선천적 관계론과 후천적 관계론을 제외한 인맥형성을 의미한다. 예를 들면 멘토Mentor나 귀인Sponsor을 비롯해 평생을 함께할 친구나 동료, 선후배 등이다. 사회적 관계론은 대개 학연이나 지연을 바탕으로 이루어지지만 이런 것과 무관하게 선택할 수도 있다. 선택할 때는 평생을 함께할 관계란 생각으로 신중을 기해야 한다.

사회적 관계론을 구축할 때는 자신의 순수한 직관력에 따르는 것이 좋다. 순수한 직관력이란 선입관이 전혀 개입되지 않는 순수한 감정이다.

사람은 태어나면서 모두 하나의 별이 된다. 그리고 거기서 인력, 즉 서로의 관계에서 발산되는 에너지로 인해 교류가 일어나며 순수한 직관력은 그것을 알아차리게 한다. 이 순수한 직관력은 상대방의 에너지 파동을 느낌으로써 확인하게 한다. 대개 직관력이 감지하는 느낌이 좋으면 좋은 인연이 되고 나쁜 느낌이 들면 악연이 되는 경우가 많다.

　반대로 자신에게 항상 도움을 주지만 만나면 어딘가 불편한 사람이 있다. 또 만나면 항상 부정적인 대화로 짜증을 유발하거나 한마디로 꼬집을 수는 없지만 이상하게 힘이 빠지게 하는 사람도 있다. 이 경우 그 사람이 어떤 지위와 실력, 지식과 정보를 가지고 있느냐와는 상관없이 직관적으로 나쁜 느낌과 불안한 기분을 갖게 한다면 관계론을 구축하지 않는 것이 좋다. 계속 관계론을 유지하다 보면 틀림없이 어느 순간 나쁜 영향을 받게 된다.

단점도 자랑하면
장점이 된다

✤ 자신이 발견한 단점이 무엇이든 그 대칭점이 되는 장점을 지닌 사람을
만날 때 가장 빠르게 보완된다.

단점을 극복하는 관계론의 모형

사람들은 단점을 나쁜 것이라고 생각한다. 그러나 반드시 그렇지
만은 않다. 단점은 별의 각진 부분과 같이 빛을 낼 수 있도록 파여진
에너지 형태라 할 수 있다. 명암의 교차처럼 어둠단점이 없으면 밝음
장점이 존재할 수 없는 것과 같은 이치다. 따라서 관계론에서 보면 단
점이야말로 장점을 위해 반드시 존재해야 하는 부분이다.

만약 각진 부분이 없다면 별은 존재할 수도 없고 별이 빛을 내지
않는다면 별의 존재 가치는 사라진다. 실제 별은 그 각진 부분 때문
에 에너지 파장이 강력해진다. 인간의 단점 또한 그러하다. 장점을
부각시키기 위해서는 반드시 단점이 필요하다.

그런데 보통 사람들은 자신이 가지고 있는 단점에 대해 전전긍긍
해한다. 사주 원리에서 보더라도 음과 양의 상대성 원리는 누군가 장

점이 있다면 반드시 대칭점에 치명적인 단점이 있음을 잘 보여 준다.

그렇다면 여기서 말하는 단점이란 무엇인가? 일반적으로 우리가 생각하는 키가 작다거나 얼굴이 못 생겼다거나 하는 것은 단점이 아니라 개성이다. 진정한 의미에서 단점은 관계론에서 말하는 체질의 불균형이나 에너지의 저하를 말한다.

예를 들어 한 사람의 사주를 음양오행론으로 살펴보면 음과 양의 심한 불균형이 나타나는 경우가 있다. 또 오행의 불균형이 나타나는 경우도 있다. 이때 관계론에서의 음과 양 혹은 오행은 체질과 에너지 수준으로 나타난다.

목木 기운이 매우 약한 사람이 있다고 하자. 그렇게 되면 이 사람은 간장 기능이 약하다거나 목 기운에 해당하는 '스승의 인연'이 박하다거나 하는 건강과 인간관계의 포석이 나타난다. 이 경우에 약하거나 박한 것이 관계론에서 문제가 될 경우에만 단점이 된다.

단점을 찾아냈다면 그 다음은 빛을 내기 위한 노력이 필요하다. 즉 단점을 통해 장점을 강화하는 구체적인 관계론을 구축해야 한다. 관계론의 핵심은 단점을 보완하여 빛나게도 하지만 장점을 좀더 강화하는 데 있다. 이것은 관계론에서 더 분명하게 드러난다. 혹자들은 과연 그럴까 의구심을 가질지도 모른다. 하지만 이것은 수많은 연구 결과를 통해 이미 과학적으로 입증된 사실이다.

지금까지 나는 1만 명 이상을 상담하며 데이터를 수집했고 상담을 요청해 온 사람들에게 체질 교정에 대해 조언을 해주고 에너지 수준을 높이는 방법을 알려주었다.

사주를 통해 분석한 체질과 에너지는 놀랍게도 완전히 일치했다.

따라서 체질과 에너지론을 통해 자신의 단점을 알게 되면 그때부터 피나는 노력을 통해 관계론을 구축해 나가야 한다.

관계론은 단점을 빛내고 그것을 극복하는 데 꼭 필요하다. 관계론의 모형으로 단점을 극복하기 위해서는 다음 3가지 방법이 있다.

첫째, 자신의 단점을 보완해 줄 사람을 찾는다. 이 방법은 관계론 구축에 가장 효과적이다. 자신이 발견한 단점이 무엇이든 그 대칭점이 되는 장점을 지닌 사람을 만날 때 가장 빠르게 보완된다. 마치 성적이 안 좋은 학생이 성적이 뛰어난 학생과 짝이 되었을 때 보완되는 것과 이치가 같다.

얼마 전 친구가 내게 조언을 구했다. 아들 K군이 아무리 야단을 쳐도 도통 공부에 관심을 기울이지 않는다는 것이었다. 고민을 다 듣고난 다음 나는 친구에게 관계론의 원리를 활용해 보라고 조언했다. 즉 아들의 친구인 우등생 L군과 1년간 한 방을 쓰도록 경비를 지원하면서 아들의 단점을 보완하도록 했다. 결과는 대성공이었다. 평소 공부에 관심이 없었는데 불과 1년 만에 성적이 크게 향상되어 미국 명문대에 합격했다.

둘째, 단점을 솔직히 인정하고 에너지 수준을 끌어올린다. 대개 단점은 상대적이고 주관적이며, 소외나 고립으로 인해 자신의 단점을 확대하거나 고통 받는 경우가 많다. 이 경우 단점을 극복하는 최선의 방법은 자신의 단점을 인정하고 관계론을 더욱 공고히 다져서 전체적인 에너지 수준을 높이는 것이다.

관계론의 모형이 잘 구축되면 전체적인 에너지 수준이 높아지기 때문에 단점을 빠르게 보완할 수 있다.

셋째, 따뜻한 격려와 아낌없는 칭찬을 해준다. 누구나 단점은 감추고 싶어 한다. 이런 마음을 이해하여 사랑과 화합의 에너지로 따뜻한 격려와 칭찬을 해준다면 대부분의 단점을 극복할 수 있다.

운명 개발을 위한 첫걸음을 떼라

아무리 특별한 장점이 있다 해도 단점을 방치하면 전체적인 에너지 밸런스가 무너져 큰 고통을 겪게 된다. 주변에서 보면 강점에만 집중하고 약점은 무시한 채 사는 사람들이 있다. 이런 사람들을 잘 관찰해 보면 한때 반짝 빛을 발하지만 결국에는 낭패를 보는 경우가 많다.

현재 자신의 단점을 발견했다면 당장 그것을 보완하는 작업부터 시작하라! 그리고 그 노력을 그 어떤 것보다도 최우선 순위에 두어야 한다. 만약 단점을 극복하는 노력을 게을리 하면 언젠가 그로 인해 치명적인 불운을 초래할 수도 있다. 그 첫 번째 단계로 가장 먼저 체질과 에너지 수준이 심각하게 저하되고 결국 관계론도 무너진다. 이렇게 되면 아무리 뛰어난 실력을 갖추었다 할지라도 사회적 관계론에서 고립되고 행복한 삶을 누리기 힘들어진다.

뛰어난 사업가였던 K씨의 경우가 그랬다. 체질과 에너지로 볼 때 그는 심장과 소화 기능 장애에 시달렸고 동료, 친구, 형제 관계가 안 좋았다. 또한 타고난 에너지는 강했지만 건강이 좋지 않아 자주 병원 신세를 지고 있었다. 관계론에서 기본이 되는 가정의 별자리 그룹도 비슷했다. 가정에서 그의 자리는 그저 '일벌레'에 불과했다.

딸과의 관계론에서는 아빠가 사업가이자 큰 부를 획득할 수 있는 자리였다. 아들과의 관계론에서는 아빠가 사업가로 나와 있었지만 서로 사이가 좋지 않은 자리였다. 그도 그럴 것이 K씨는 언제나 주변 사람들과 끊임없이 부딪혀왔고 가족 구성원 모두를 자기 통제 하에 두려고 했다. 그 결과 가까운 형제, 친구, 동료는 물론이고 아들과 딸까지도 그를 멀리했다.

당시 K씨를 둘러싼 관계론의 모형이 그렇게 형성되어 있었다. 현실에서의 그의 입지도 이와 비슷했다. 아내는 남편을 일벌레 정도로 생각했고 딸과 아들은 아버지가 쌓은 부를 누리고 있었지만 아버지를 몹시 싫어했다. 그뿐만 아니라 그는 친구, 형제, 동료들과도 사이가 나빴다.

〈그림 2〉K씨의 관계론 모형

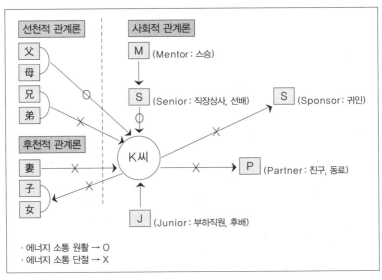

이러한 모든 문제의 핵심에는 그가 타고난 단점을 극복하지 않고 방치한 데에 있었다. 심장과 소화 기능이 약한데도 운동을 멀리하고 음식 조절을 하지 않아 항상 당뇨와 심근경색에 시달렸다.

K씨는 자신의 장점에 집중하여 한때 사업을 성공적으로 이끌었지만 나중에 큰 실패를 겪고 말았다. 단점을 방치한 결과였다. 자주 병원 신세를 지면서 체질에 이상이 생겼고 에너지 수준은 바닥으로 떨어져 육체적·정신적으로 큰 고통을 겪었다. 그러자 잘되던 사업도 갑자기 기울기 시작했고 설상가상으로 동료에게 빌려준 백지수표가 부도나면서 연쇄 부도를 겪어야 했다. 몸은 계속 나빠졌다. 결국 심장 수술도 받아야 했고 뇌졸중에도 걸렸다.

이렇게 되면 그와 선천적 관계를 맺고 있는 가족들은 어떻게 될까? 그의 기본 별자리 그룹인 가족들은 빛을 잃고 구성원의 에너지가 병자 수준으로 떨어져 현실적으로 고통을 받는다.

만약 이러한 상황에서 금방 헤어나지 못하면 가족 전체가 연쇄적으로 고통을 받게 된다. 심하면 정신이상을 겪거나 중병에 걸리기도 한다.

관계론에서 팀가족은 고통을 분담해야 하기 때문에 한 사람의 에너지 약화는 전체 구성원에게 나쁜 영향을 미친다. 만약 K씨가 관계론을 좀더 일찍 이해하고 자신의 에너지 수준을 강화해 나갔더라면 이런 결과를 맞이하지는 않았을 것이다.

한 가정의 모든 구성원의 에너지가 강화되면 절대 불행의 늪에 빠지지 않는다. 그런데 한 집에 병자가 2명 이상이 되면 가세는 이미 기운 것으로 보아야 한다. 집안에 환자가 많다는 것만으로 관계론의 에너지 파장은 이미 약화되었다고 할 수 있다.

집안에 항상 웃음꽃이 피어나고 가족 구성원 모두가 건강한 것은 좋은 운세의 기본이다. 웃음이 사라지고 불이 꺼진 집안의 분위기에서 행운이 깃들 리 없다. 관계론의 기본은 한 사람의 에너지만을 보는 것이 아니라 한 사람을 중심으로 별자리 그룹인 가족을 바탕으로 판단하기 때문이다. 따라서 단점을 극복하려는 노력은 관계론의 기본이라 할 수 있다.

운명 개발의 첫걸음은 단점을 극복하고 장점을 극대화하여 핵심 역량을 강화하는 데 있다. 자신의 단점을 알고 극복하는 노력을 통해 관계론의 모형이 안정되면 그때 장점을 특화하여 핵심 역량에 집중하라.

독불장군의 한계와
포지셔닝 파워

✤ "한 사람의 뛰어난 생각보다는 둘 이상의 두뇌가 낫다." 곧 혼자보다는
여러 사람의 협력을 통해서 의견이 수렴될 때 좀 더 현명한 판단을 내릴 수 있다.

먼저 자신의 한계를 인정하라

관계론에서 협력은 기업뿐 아니라 모든 분야에서 매우 중요한 관리 형태다. 어떤 판단을 내리든지 혼자보다는 여러 사람의 협력을 통해서 의견이 수렴될 때 좀더 현명한 판단을 내릴 수 있다. '한 사람의 뛰어난 생각보다는 둘 이상의 두뇌가 낫다'는 일반적 믿음이 현재 사회에서는 더욱 더 설득력을 얻고 있다.

주변에서 보면 능력이 뛰어나지만 고통과 좌절감에 허덕이는 사람들이 있다. 그들에게서는 한결같이 '독불장군'이라는 공통점을 발견할 수 있다. 그들에게도 가족이 있고 친구가 있지만 결코 자신을 개방하지 않는다. 조직 속에 있으면서 물과 기름처럼 겉도는 사람들, 비주류 혹은 소외된 사람들 중에 특히 독불장군이 많다. 문제는 그들 자신은 스스로를 독불장군이라고 생각하지 않는다는 점이다. 인간

관계도 원만해 겉으로 보기에는 별로 표시가 나지 않는다. 그중에는 인맥도 두텁고 박식하며 실력이 뛰어난 사람들도 있다.

그러나 그들은 대개 마음의 문을 굳게 닫고 있다. 겉으로는 남의 이야기를 잘 들어주고 "예"라고 말하지만 속으로는 "아니오"라고 외친다. 관계론의 측면에서 보면 그들은 대부분 매우 총명하고 자의식이 강하다. 이런 독불장군형은 대부분 기본 별자리인 가족 관계가 금이 가 있는 경우가 많다. 대체적으로 관계의 단절 의식이 강한 것이 특징이다.

독불장군의 또 한 가지 특징은 매사에 부정적이며 비관적이라는 점이다. 안타까운 것은 그들 자신은 스스로 독불장군이 되지 않으려 하지만 대부분 심리 상태가 경직된 경우가 많다.

일단 독불장군이 되면 대부분 자신의 한계를 인정하려 들지 않는다. 사회적 관계론에서 가장 먼저 해야 할 일이 있다면 그것은 바로 우리 내면에 깃든 '독불장군'을 제거하는 일이다. 무엇이든 혼자 할 수 있다는 의식은 결국 아무것도 제대로 할 수 없는 한계를 만든다. 결국 처절하게 깨지고 나서야 비로소 관계론에 따른 포지셔닝을 하게 된다.

심리적 방어기제를 해제하라

독불장군의 다른 이름은 심리적 방어기제Defense mechanism다. 과거의 어떤 나쁜 경험으로 인해 마음의 문을 닫아 버리는 것이다. 이 경우 상담을 통해 심리 치료를 받는 것이 좋다. 심각한 심리적 방어기제로 내면의 벽을 두껍게 쌓은 사람은 독불장군에서 벗어나기가 쉽지 않다.

관계론에서 보면 그들은 대부분 관계가 단절되어 있다. 기본적으로 선천적 관계론인 부모형제와 사이가 좋지 않으며 그것은 결혼 이후에도 영향을 미친다. 혈연관계가 좋지 않으면 학연이나 지연을 비롯한 사회적 관계 또한 좋을 수가 없다.

관계론을 차단하는 독불장군의 한계는 에너지의 단절과 직결된다. 관계의 단절은 마치 에너지의 공급선을 끊는 것과 같다. 에너지는 대개 사랑이나 화합의 형태로 인간에게 공급되기 때문이다.

역사 속 대표적인 독불장군에는 초패왕 항우가 있다. 항우는 귀족 출신으로 힘과 지략이 뛰어난 인물이었다. 그런데도 이름 없는 가난한 집안의 유방에게 어이없는 패배를 당하고 만다. 개인적인 능력으로 보면 유방이 항우와 대적하는 것은 불가능했다. 하지만 유방은 관계론의 대가로 사람의 마음을 얻는 데는 타고난 인물이었다. 그는 전쟁을 통해 얻은 직위와 영토를 전쟁에 동참한 사람들과 기꺼이 나눔으로써 자신만의 관계론을 구축해 나갔다.

반면 항우는 자신감이 과도하여 전횡을 일삼았다. 아무리 능력이 뛰어났다 할지라도 관계론을 무시하면 결국 인재는 떠나게 되어 있다. 항우가 그랬다.

'역발산기개세'라는 말처럼 항우의 힘은 산을 뿌리 채 뽑을 만큼 강했고 기세는 대단했다. 하지만 그는 뛰어난 전략가 범증을 내치고 자신의 휘하에 들어온 한신을 알아보지 못한 채 유방에게 보내는 실수를 범했다. 그 결과 항우는 협공 작전으로 나선 한신, 팽월, 유방에게 밀려 후퇴할 수밖에 없었고 그때 수도를 지키고 있던 대사마 주은에게 배신을 당한다. 심지어 숙부인 항백도 항우를 배신했다.

항우는 전형적인 독불장군으로 욕심이 과하여 모든 공을 자신이 차지하려다가 결국 비참하게 패배한 것이다. 독불장군의 말로는 대부분 이렇게 끝난다.

독불장군은 관계론의 모형이 파괴된 상태다. 따라서 행운을 끌어당기고 싶다면 지금 당장 심리적 방어기제를 해제하라! 마음의 문을 활짝 여는 순간 모든 것이 변하게 될 것이다.

인간 로드맵을 그려라

자기 인생의 최고인사권자CEO로서 모든 인간은 관계론의 모형을 통해서 포지셔닝을 한다. 포지셔닝, 즉 위치 선정은 자신을 중심으로 일어나는 관계론의 수준이 된다. 왜냐하면 관계론의 모형을 통해 자신의 위치가 확정되고 에너지 교류가 일어나기 때문이다.

이런 이유로 포지셔닝은 한 사람의 인생에서 절대적으로 중요할 뿐만 아니라 한 사람의 성장과 발전에 결정적인 영향을 미친다.

세상이 깜짝 놀랄 만한 발명품을 개발하고도 실용화에 실패한 사람들을 보자. 그들이 아무리 뛰어난 발명품을 개발했다고 해도 남들이 알아주지 않으면 제대로 평가받지 못하고 묻히고 만다.

어느 날 공직자 N씨가 내게 인사 문제에 관한 자신의 고민을 상담해 왔다. 당시 중간 관리자로서 자신의 위치에 불안감을 느끼고 있던 N씨는 어떻게 하면 상사와 부하직원 사이에서 원만한 관계를 유지할 수 있는지 조언을 구했다.

당시 나는 그에게 직장 내 주변 사람들을 대상으로 하는 관계론의 모형을 그려 보라고 했다. 모형을 그릴 때는 자신의 직장 내 멘토, 상사, 귀인, 부하직원, 동료, 친구, 적, 라이벌, 악인 등을 구체적으로 적도록 했다.

이때 직장 내 관계도의 점수를 한꺼번에 계산할 수 있도록 빈칸을 만들어 놓고 점수를 부여해 보자.

〈그림 3〉 사회적 관계론 모형

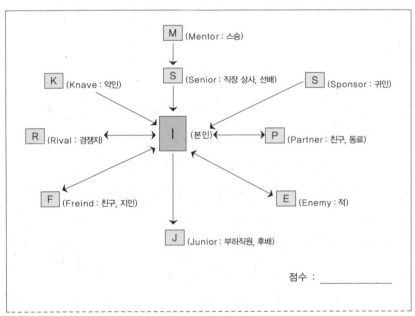

귀인 : 문제 해결에 결정적인 도움을 주는 사람

멘토 : 문제 해결의 방법을 제시해 주는 사람

동료 : 문제 해결에 적극 동참하는 사람

친구 : 문제 해결을 위해 의견을 주는 사람

라이벌 : 문제 해결에 견제와 긴장을 더해 주는 사람

적 : 문제 해결이 어렵도록 방해하는 사람

악인 : 문제 해결을 악화시키며 고통을 주는 사람

직장 상사나 선배 : 문제 해결에 도움을 주는 사람

부하 직원이나 후배 : 문제 해결에 지원을 해주는 사람

먼저 멘토는 10점, 귀인은 20점, 상사나 선배는 7.5점, 부하직원이나 후배 2.5점, 친구는 5점, 동료는 2.5, 경쟁자는 2.5점을 준다. 마이너스 에너지에 해당하는 악인은 −40점, 적은 −10점을 준다.

점수는 총점 100점을 기준으로 플러스와 마이너스로 조정할 수 있다. 빈칸을 채워서 점수를 매겨보면 직장 내 자신의 관계론 모형을 이해할 수 있다.

처음에 N씨는 내가 채워 넣으라고 지시한 관계론의 모형을 보며 난감해했다. 그러다 한참 고민 끝에 악인, 적, 경쟁자의 이름을 열심히 적었다. 그 외의 자리는 텅 비어 있었다. 가만히 그를 지켜보다가 이윽고 내가 한마디 했다.

"멘토, 귀인, 친구는 없습니까?"

"글쎄요. 뚜렷하게 떠오르는 사람이 없습니다."

N씨가 작성한 관계론 모형을 살펴보면 직장 내 포지셔닝으로는

거의 마이너스 에너지 상태였다. 나는 그에게 다시 말했다.

"현재 멘토, 귀인, 친구 란에 채워 넣을 사람이 없다면 앞으로 그렇게 해주었으면 좋을 사람을 적으십시오."

그제야 그는 관계론의 모형에 남아 있던 자리를 채워 넣었다.

"지금 쓰신 직장 내 관계론의 모형을 보면 당신의 포지셔닝 파워를 알 수 있습니다. 포지셔닝은 다른 사람과의 관계를 통해 나타납니다. 처음 마이너스 에너지인 사람만 떠올리고 도움을 줄 사람을 쉽게 떠올릴 수 없을 때 당신의 포지션은 매우 불안했을 겁니다. 나중에 멘토, 귀인, 부하 직원 중에서 자신에게 도움을 줄 만한 사람을 정하니 어떻습니까?"

"음, 뭔가 안정된 느낌이 들었습니다. 관계론의 모형을 보니 그동안 회사 내 제 입지가 불안했던 이유를 알 수 있었습니다. 또 직장에서 긍정의 에너지와 시너지 효과를 가져오려면 반드시 관계론을 구축해야 한다는 사실을 절실히 느꼈습니다."

관계론의 모형공존을 위한 자신만의 포지셔닝을 구축하기 위해서는 주변 사람들의 협력과 지지가 절대적으로 필요하다.

당신의 꿈과 목표가 최고경영자라고 생각하고 관계론의 모형을 완성해 보라. 그것이 가능하기 위해서는 스스로가 최고경영자라는 확신을 갖고 집안의 전폭적인 지원을 받으며 공존을 위한 공조체제를 구축해야 한다. 자신을 도와줄 멘토, 귀인, 부하직원을 선정하여 관계론의 모형을 완성하면 직장 내 입지는 견고해진다.

실제 한 집안의 가장으로 가족들의 전폭적인 사랑과 존경을 받는 사람이 불운에 시달리거나 무능해지는 경우는 없다. 관계론의 포지셔닝이 안정되면 '운명의 논리'는 결코 힘을 발휘할 수 없다. 관계론은 깊은 신뢰와 존경을 바탕으로 형성되는 행운의 에너지이자 동시에 불운을 극복할 수 있도록 도와주기 때문이다. 관계론에서 볼 때 포지셔닝이 안정되어 있고 체질과 에너지가 강화되어 있다면 분명 운세의 흐름 또한 상승하고 있다고 할 수 있다.

불운과 실패는 나쁜 에너지 흐름일 뿐이다. 이때 안정적 관계론으로 자신의 포지션을 운영하여 에너지 흐름을 원활하게 하면 절대 나쁜 에너지가 침투할 수 없다.

만약 현재 당신이 극심한 불운, 좌절, 고통을 겪고 있다면 자신의 관계론을 점검하라. 그렇게 하면 관계론의 모형을 통한 공존의 암묵적 합의로 주변 사람들의 지지와 격려를 이끌어낼 수 있다.

관계론의 포지셔닝이 안정되면 새로운 에너지의 흐름으로 힘이 생겨, 당신을 둘러싼 관계 속에서 최고의 실력을 발휘하게 될 것이다.

상대방의 관심 분야를 기억하라

사주 관계론을 보면 사람들의 관심 분야가 제각기 다르다는 사실을 알 수 있다. 가치 기준은 물론 관계론의 모형에 따라 우선가치가 달라지며, 그에 따라 사고와 행위가 결정된다. 여성의 사주 관계론에 따른 관심 분야는 다음과 같다.

1. 식신 혹은 상관(=식상)이 발달한 사주 관계론은 자식, 활동, 봉사

를 소중하게 생각한다. 또한 모든 가치의 중심을 자식에게 두고 어머니로서의 삶에 의미를 둔다.

2. 비견 혹은 겁재(=비겁)가 발달한 사주의 관계론은 친구와 형제를 소중하게 생각하며 바깥으로 나돌기를 좋아한다. 친구나 형제를 만나서 대화하는 것을 가치 있게 여긴다.

3. 편재 혹은 정재(=재성)가 발달한 사주의 관계론은 돈을 소중하게 생각하여 돈벌이에 관심이 많고 가치의 중심이 돈에 있다.

4. 편관 혹은 정관(=관성)이 발달한 사주의 관계론은 남편, 직업을 소중하게 생각한다. 현모양처로서의 삶을 추구하며 사랑하고 사랑받는 삶을 추구하거나 직업적 성취를 소중하게 여긴다.

5. 정인 혹은 편인(=인성)이 발달한 사주의 관계론은 어머니, 학문, 명예를 소중하게 생각하며 결혼한 후에도 친정어머니에게 효도하려고 노력한다.

남성의 사주 관계론에 따른 관심 분야는 다음과 같다.

1. 편관 혹은 정관이 발달한 사주의 관계론은 자식, 직업을 소중하게 생각한다. 직업 정신이 투철하고 권력욕이 강하며 자식에 대한 사랑이 깊다.

2. 식신 혹은 상관이 발달한 사주의 관계론은 활동, 예술을 소중하게 생각하며 모든 가치의 중심을 활동이나 예술성 추구에 둔다.

3. 비견 혹은 겁재가 발달한 사주의 관계론은 친구와 형제를 가장 소중하게 생각하며 바깥으로 나돌며 놀기를 좋아한다. 친구나 형

제를 만나서 대화하는 것을 가치 있게 여긴다.

4. 편재 혹은 정재가 발달한 사주의 관계론은 돈, 여자를 소중하게 생각하고 여자에 대한 관심이 높거나 돈벌이에 관심이 많으며 가치의 중심을 돈에 둔다.

5. 정인 혹은 편인이 발달한 사주의 관계론은 어머니, 학문, 명예를 가장 소중하게 생각하며 명예를 소중히 여긴다.

〈그림 4〉 사주 관계론의 육친법

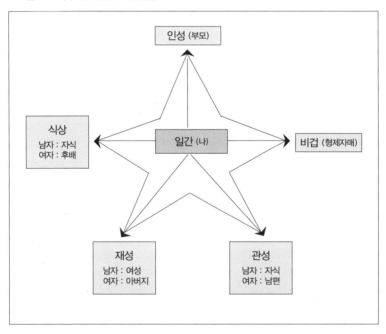

물론 사주만으로는 개인의 관심사를 정확히 파악할 수는 없다. 왜냐하면 선천적 관계론인 성장기의 환경이나 후천적 관계론인 결혼

이후의 환경에 따라 얼마든지 변수가 생길 수 있기 때문이다. 앞에서 살펴본 내용은 타고날 때 천성이 어느 한 분야로 쏠려 있는 상태를 나타낼 뿐이다.

관계론 팀플레이_
미래는 선택하는 자의 것이다

─────── 팀플레이Team play의 속성을 나쁘게 표현하면 '패거리 작당'으로 표현할 수 있다. 인간은 관계론의 코드에 따라 팀플레이를 할 수밖에 없는 존재이기 때문에 당黨, 무리을 만들어 활동할 수밖에 없다. 조선 왕조 패망의 원인으로 꼽히는 당파 싸움도 결국은 팀플레이의 일종이라 할 수 있다. 보통 사람들도 마찬가지다. 정치인처럼 당에 소속되지 않더라도 각자 자신의 팀에 속해 있다. 무리에 속하지 않는 인간은 현대 사회에서 생존할 수 없다.

조선 왕조의 역사를 보면 건국 초부터 숱한 팀 간 매치플레이Match play가 있었다. 관계론에 따라 이합집산을 이룬 팀플레이는 살벌했다. 생명을 담보로 했으며 자칫 잘못하면 삼족이 멸문하는 화를 당했다. 팀플레이는 그만큼 무시무시한 속성을 지니고 있다.

고려 말, 조선 건국의 매치플레이는 이성계와 정도전 VS 최영과 정몽주였다. 정도전은 한국사 최강의 개혁 경세가로 조선 왕조의 국가 운영 시스템을 창안한 신권 중심의 이론가였다. 그는 천재적인 전략을 펼쳐 변방에 있는 장수 이성계를 도와 조선 건국을 이루었다. 고려를 멸망시키고 조선을 창건하는 과정은 험난했다. 친구 정몽주의 천거로 관계官界에 다시 발탁된 정도전은 훗날 그와 적이 되었다.

이성계와 정도전의 팀플레이는 뛰어났다.

"미래는 예측하는 것이 아니라 선택하는 자의 것이다."

평소 이러한 정도전의 삶의 원칙대로 쿠데타 전략은 순식간에 펼쳐졌다. 이와 함께 최영 장군은 역사의 뒤편으로 조용히 사라졌다. 이 와중에 이성계의 선천적 관계론의 핵심 인물인 이방원은 정몽주를 죽이고 대세를 이끌었다. 조선 건국의 대미는 이방원이 정도전을 제거한 후에 이루어졌다. 조선 건국은 이렇게 피비린내 나는 매치플레이로 시작되었다.

건국 이후 조선 왕조 태조가 된 이성계는 잘못된 포지션 전략을 구사했다. 즉 조선 왕조 건국의 일등 공신인 아들 이방원을 후계자로 책봉하지 않았던 것이다. 대신 이성계는 8남인 이방석을 선택했다. 선천적 관계론인 부모형제의 팀플레이도 신중해야 한다. 자칫 큰 화를 불러올 수도 있기 때문이다. 확신했던 세자 책봉이 엉뚱하게도 동생에게로 돌아가자 이방원은 격노했다.

결국 이방원은 사회적 관계론에서 만난 참모 하륜과 함께 무인정사, 곧 왕자의 난을 일으켰다. 그리하여 정종을 제외한 나머지 형제들을 참살하기에 이른다. 이성계는 선천적 관계론의 참상에 슬퍼하며 고향인 함흥으로 돌아갔다. 여기에서 유명한 '함흥차사'라는 고사가 생겨났는데, 이 고사는 태종으로 등극한 이방원이 보낸 차사Messenger를 이성계가 활로 쏘아 죽였던 일화에서 유래한다. 한번 가면 다시 소식이 없다는 뜻의 함흥차사에는 이런 비극적인 이야기가 숨어 있다.

이후 무학대사의 설득으로 궁궐로 돌아가기로 마음먹은 이성계는 자신이 사랑했던 아들들을 참살한 이방원을 죽이려고 결심한다. 하지만 이성계의 마음을 알아차린 참모 하륜은 이방원이 아버지를 마중 나가기 전 만반의 대비책을 세웠다. 그는 행사장의 천막 기둥을 아름드리 굵은 나무를 사용하게 했다. 천하의 명궁 이성계가 이방원을 죽이고자 화살을 쏘았지만 다행히 기둥 뒤에 몸을 숨겨 화를 면할 수 있었다.

이성계는 여기에서 포기하지 않고 또 다른 기회를 노렸다. 이방원이 술을 따르는 틈을 타 철퇴를 내리치려는 계획을 세웠다. 하지만 하륜은 "임금이 직접 잔을 올리는 것은 예법에 어긋난다."라며 이방원에게 술을 따르게만 하고 올리는 것은 내관이 대신하도록 묘안을 짰다.

이 모습을 지켜본 이성계는 소매 속에 넣어 두었던 철퇴를 꺼내며 다음과 같이 말했다.

"하늘이 정한 운수는 어쩔 수 없구나 막비천운莫非天運!"

이성계와 아들 이방원이 벌인 권력 싸움은 선천적 관계론의 대표적인 참상이다. 포지션을 제대로 선정하지 못했을 때 팀워크는 순식간에 무너지며 문제가 발생한다.

개인 역시 역사 속 팀플레이와 마찬가지로 매치플레이를 펼친다. 평범한 회사원이라고 해서 예외일 수 없다. 모두가 나름대로의 팀플레이를 펼치고 있으며, 매치플레이를 통해서 승진하거나 좌천의 고통을 겪게 된다.

사회적 존재로 행복한 공존법을 터득하기 위해서는 무엇보다 관계론의 팀플레이에 대한 개념을 제대로 이해해야 한다. 같은 학교를 나온 동창이라고 해서 모두 친구는 아니다. 자기 인생의 팀플레이를 같이할 수 있을 때 비로소 진정한 친구이자 파트너가 될 수 있다는 사실을 기억하라!

Chapter 04

잠재력을 이끌어내는
인ㅅ테크

· · · · ·

꿈을 이루어 줄
사람에 투자하라

✤ 동양 철학의 원리인 관계론을 중심으로, 물질을 대신해 사람을 귀하게
여기는 인스테크의 시대, 즉 인존의 시대가 도래할 것이다.

맞춤형 에너지로 승부하라

미국 발 세계적 금융 위기가 가져온 불황은 무엇을 의미할까? 그
것은 마치 《성경》에 나오는 바벨탑이 무너진 것과 같다. 혹자는 물질
문명의 버블로 인한 일시적 붕괴 현상이라고 하지만 다른 관점에서
보면 물질문명에서 정신문화로의 대전환의 시작을 알리는 신호라고
볼 수 있다.

지금까지의 물질문명은 미국식 일방주의, 앵글로 색슨족 중심의
시스템으로 가동되어 왔다. 그로 인해 미국 주도의 세계 질서 유지를
위한 무리한 전쟁과 과소비, 사치와 향락이 꽃을 피웠으며 그 결과로
전 세계가 시스템 오류에 봉착하게 된 것이다.

돌이켜 보면 지난 18세기에서 21세기에 이르기까지 지나치게 물
질문명 발달만을 강조하며 한 방향으로만 앞서간 것이 사실이다. 특

히 지난 30년은 물질문명이 최고 정점에 치달았다. 그 결과 지나친 개인주의 성향과 극단적 이기주의의 팽배가 에너지의 흐름을 악화시켰다. 앞으로 다가올 정신문화의 시작은 인간에게 엄청난 변화를 일으킬 것이 분명하다. 물질문명과 정신문화의 균형과 조화를 위한 대통합의 시대가 새롭게 열리게 될 것이다. 동양의 정신문화가 꽃피울 시기가 된 것이다.

하지만 앞으로 몇 년간은 세계 경제가 불황의 늪에서 헤어나지 못할 것이고 그로 인해 정신문화가 발달하게 될 것이다. 그렇게 되면 물질이나 돈 없이도 행복한 삶을 영위할 수 있는 성장의 시대가 올 것이다.

독일의 철학자 헤겔의 관점으로 보면 '세계 이성의 진보'가 이루어지고 물질과 정신이 조화와 균형을 이루는 세상이 열리는 것이다. 그리하여 세계는 정신문화가 꽃 피우는 희망의 시기를 맞이하게 되고 인류의 영적 성장 또한 가속화될 것이다.

이러한 시대적 상황에 따라 앞으로 인류는 사랑과 화합, 통합의 에너지에 지대한 관심을 기울이게 될 것이다. 동양 철학의 원리인 관계론을 중심으로, 물질을 대신해 사람을 귀하게 여기는 인ㅅ테크의 시대, 즉 '인존의 시대'가 도래할 것이다.

관계론의 인테크는 '인사가 만사다'는 말과 일맥상통하지만 그렇다고 똑같은 의미는 아니다. 관계론의 인테크는 그보다 더 실제적인 인간의 잠재력, 즉 에너지를 이끌어내는 공존의 원리를 말한다. 인맥을 만들거나 관리하는 수준을 뛰어넘어 공존을 모색하고 에너지를 교류하는 깊은 관계를 의미한다. 그뿐 아니라 인간의 잠재력을 일깨우는 에너지 강화를 통해 운명을 개발하는 적극적인 활동을 나타낸다. 인테크의 개념을 좀더 구체적으로 설명하면 다음과 같다.

첫째, 인테크는 관계론의 모형을 중심으로 실질적인 에너지의 교류를 나타낸다. 선천적 관계론과 후천적 관계론의 모형을 중심으로 사회적 관계론의 모형을 완성한다는 점에서 기존의 인맥과는 차이가 있다. 그뿐만 아니라 선천적 관계론과 후천적 관계론의 모형인 가족의 에너지를 가장 중요시한다는 점이 다르다.

둘째, 인테크는 체질과 에너지 수준을 높임으로써 관계론의 모형을 완성한다. 친화력을 바탕으로 하는 인맥 만들기와는 달리 자기계발과 에너지의 강화를 통해 잠재력 개발을 기본으로 관계론을 형성한다. 이는 끊임없는 자기계발과 에너지 강화를 바탕으로 잠재력을 이끌어내는 것이 핵심이다.

셋째, 인테크는 관계론의 모형을 통해 실질적으로 에너지를 강화한다. 단순히 인간관계를 맺는 것이 아니라 관계론을 통해 에너지 수준을 높이고 핵심 역량을 강화하여 발전을 도모한다. 관계론의 모형 그 자체가 에너지 탱크로 개인의 에너지를 강화하는 원리가 작용하는 것이다.

이와 같이 관계론의 인테크는 실질적인 에너지와 자기계발로, 잠재력을 일깨우는 작용력을 높인다. 그 구체적인 방법으로 한 사람의 사주를 중심으로 관계론의 모형에 있는 사람들의 사주를 함께 분석하는 것은 중요한 의미가 있다.

운명의 논리가 아니라 체질과 에너지의 원리로 사주를 분석해 보면 한 개인의 무한한 잠재력을 일깨울 수 있다. 곧 기존 사주학을 비롯한 역학의 원리를 뛰어넘는 획기적인 발상의 전환으로 스스로의 운명을 개발할 수 있게 된다.

이처럼 관계론의 핵심은 개인 맞춤형 에너지 강화와 실질적인 에너지 교류가 가능하다는 데 있다.

만사는 인간 에너지에 반응한다

살아온 환경과 관계 설정에서 나오는 심리적 방어기제가 있다. 이것은 성장기의 주변관계에 따라 많은 영향을 받게 되며 관계론과도 맥이 닿아 있다. 예를 들면 어린 시절 아버지로부터 심한 억압을 받고 자란 여성들은 독특한 방어기제를 갖게 된다. 예를 들면 여성으로서 최초로 만난 남성인 아버지를 미워하고 거부함으로써 이후 만나는 남성에 투영시키는 것이다. 5퍼센트 미만의 의식에서는 남성에 대한 호감을 가지고 있지만 95퍼센트 이상의 무의식에서는 남성을 거부한다. 자신을 방어하기 위한 심리 기제가 형성되어 남성을 밀어내는 것이다. 그러다 보면 아버지를 밀어낸 어머니처럼 자신도 결혼 이후 어머니처럼 행동하게 되고 남편을 심리적으로 억압하게 된다.

이러한 관계를 상담을 통해 해결하려면 많은 시간이 걸린다. 하지만 관계론을 적용하면 손쉽게 해결 방안을 제시할 수 있다. 예를 들면 공직 생활을 하던 L씨의 경우가 그랬다.

L씨는 매사에 성실했고 뜨거운 열정과 폭넓은 인맥을 가지고 있어 승진도 남보다 빨랐다. 그러나 그의 관계론을 자세히 살펴보면 마치

섬에 사는 사람 같았다. 그의 사주에 아내 자리는 비어 있었고 자식 인연도 약했다. 아내의 사주에서도 남편의 자리는 무능한 상태에 놓여 있었다. 딸과 아들의 사주에서 보면 아빠 자리는 텅 비어 있었다. 당시 그는 결혼 후 형성한 후천적 관계론의 에너지 교류가 무기력한 상태에 빠져 있었다.

그런데 다행스럽게도 그의 선천적 관계론과 사회적 관계론은 좋은 편이었다. 그의 어머니 사주에 나오는 아들 자리는 출세할 가능성이 높았고 능력 또한 탁월한 것으로 나왔다. 아버지와 형제의 사주에 나오는 자리도 안정적이었다.

L씨의 선천적 관계론 모형은 안정되어 있었지만, 자신이 선택한 후천적 관계론 모형은 해체 직전으로 불안정했다. 당시 그는 아내와 별거 상태로 연락조차 하지 않고 지냈다. 이런 경우라면 기존의 후천적 관계를 해체하고 새로운 관계를 형성하는 것이 더 나을 수도 있다.

L씨는 처음에 자신의 상황을 대수롭지 않게 여기고 한동안 방치했다. 하지만 가족관계는 아무리 현재 단절된 상태라고 해도 상호간에 에너지 파장을 일으킨다. 고심 끝에 그는 부인과 정식으로 이혼했다.

이혼 후 한 달도 채 지나지 않아 L씨가 나를 찾아왔다. 이혼 결정이 지금까지 살아오면서 가장 힘든 순간이었지만 최근 마음의 안정을 되찾았고 하는 일도 잘된다는 것이었다.

실제로 부부 생활을 자세히 들여다보면 부인이 가까이 오는 것을 싫어하는 남편과 남편을 끔찍이도 싫어하는 부인이 있다. 후천적 관계론인 가족은 매사에 영향을 미쳐 기업의 회장뿐만 아니라 한 나라의 대통령조차 막대한 영향을 받는다.

리더의 에너지가 그 조직의 사활을 결정짓는 현대 사회의 구조로 볼 때 관계론이 얼마나 중요한지 짐작할 수 있을 것이다.

기업의 회장이나 작은 조직의 리더라고 해도 결국은 인사人事로 문제를 풀어가기 때문에 현대 사회에서 관계론이 갖는 의미는 더욱 더 중요하다고 하겠다.

꿈이 있는 곳에
행운도 따른다

✱ 아무리 열악한 환경에 놓여 있다고 해도 자신이 진정으로 원하는
꿈과 목표에 맞는 성공 에너지를 갖추면 성공의 열쇠는
이미 손에 쥐고 있다고 할 수 있다.

성공을 위한 3가지 필요조건

타고난 별사주의 빛과 파장이 희미해지면 에너지 수준은 떨어진다.
일반적으로 상대방의 눈과 그 사람에게서 풍기는 분위기, 즉 에너지
의 파장을 보면 그 사람의 에너지 수준을 알 수 있다.

칭기즈칸의 일대기에 따르면 그는 유독 얼굴이 밝고 눈빛이 강렬
했다고 한다. 그만큼 강한 에너지를 발산한다는 의미다. 보통 사람들
의 경우도 마찬가지다. 자신이 지닌 에너지 수준만큼의 사회적 지위
와 능력을 가진다. 동양 철학에서는 이러한 관점을 '관상학'으로 풀
고 있는데, 관상학 역시 에너지론이라 할 수 있다.

사주란 인체의 설계도이며 관상은 인체의 품질이라 할 수 있다. 인
체의 설계도 혹은 품질이 에너지 형태로 나타나기 때문에 근본적으
로 사주와 관상은 같은 것이라 할 수 있다.

관계론의 에너지를 한마디로 규정하면 '성공 에너지'라 할 수 있다. 에너지 수준을 단순히 건강 측면에서 보는 것이 아니라 성공과 결부시켜 분류하는 것이다. 관계론의 성공 에너지는 다시 지식과 덕망과 체력으로 나눌 수 있다.

첫째, 지식의 축적은 그 자체가 에너지 수준으로 작용한다. 지식이 축적되지 않으면 에너지 수준을 높이기 어렵고 사물에 대한 인식이나 판단력 또한 낮을 수밖에 없다. 결과적으로 지식 에너지가 기본적으로 밑바탕에 깔려 있어야 한다.

둘째, 덕망이 높아야 한다. 물질문명의 시대에는 덕망 에너지가 소외당한 것이 사실이다. 덕망 에너지에는 높은 도덕성을 포함해서 서양 사회에서 말하는 친화, 소통, 헌신, 봉사와 일맥상통한다. 한 사람의 인간성을 보여 줄 수 있는 에너지가 덕망이다.

셋째, 체력, 즉 육체적인 힘을 의미한다. 스포츠 감각 같은 에너지뿐만 아니라 정신력으로 나타나는 지구력을 의미한다. 건강하고 그 힘을 유지할 수 있는 활성 에너지를 말한다. 다른 의미로 열정 에너지라고도 할 수 있으며 이는 강렬한 체력으로 나타나기도 한다.

지·덕·체의 에너지 수준은 관계론에서 결정적인 역할을 한다. 이 에너지 수준이 높으면 아무리 선천적 관계론이 열악해도 모든 난관을 극복할 수 있다.

선천적 관계론과 후천적 관계론이 나쁘지 않은데도 에너지 수준이 낮고 자아실현의 가능성이 떨어지는 까닭은 성공 에너지가 낮기 때문이다.

성공 에너지의 조건은 관계론을 좌우하는 인연의 법칙과 관계가 깊다. 인연의 법칙은 성공의 절대적 조건이라 하겠다. 아무리 열악한 환경에 놓여 있다고 해도 자신이 진정으로 원하는 꿈과 목표에 맞는 성공 에너지를 갖추면 성공의 열쇠는 이미 손에 쥐고 있다고 할 수 있다. 에너지 수준은 엄격하게 성공 조건과 관계가 있으며 이로 인해 비로소 큰일을 이룰 수 있다.

잠재의식이 성패를 좌우한다

현대 정주영 회장의 전기를 읽어 보면 그를 둘러싼 관계론이 자세히 나와 있다. 그뿐만 아니라 관계론에 따른 성공 에너지의 수준도 알 수 있다. 그는 가난한 강원도 산골에서 태어나 소학교를 마치고 농사를 지었다. 하지만 소년 정주영에게는 꿈이 있었다. 그는 그 꿈을 위해 소 판 돈을 훔쳐냈다. 그 돈을 가지고 서울로 상경, 온갖 고생을 하며 에너지 수준을 높인다. 그는 학교에 가는 대신 위인전기를 쌓아 두고 읽었고 일 할 때는 자신의 열정을 쏟아부었다.

마포의 쌀가게 배달원으로 일할 때 있었던 일화는 유명하다. 그는 매사에 성실하고 힘이 셌으며 헌신적인 자세로 일을 처리했다. 비록 선천적 관계론은 나빴지만 그는 자신의 후천적 관계론만큼은 훌륭하게 형성해 나갔다. 그리고 사회적 관계론을 잘 구축하여 박정희 전 대통령으로부터 관급 공사를 많이 수주해 급성장했다.

정주영의 일대기를 관계론에 접목해 보면 잘 맞아 떨어진다. 그는 몇 번의 실패를 겪었지만 오뚝이처럼 일어났다. 또 그때마다 귀인이 나타나 도움을 주었다. 물론 그가 지식, 덕망, 체력의 성공에 필요한 에너지를 가지고 있었기에 가능한 일이다. 관계론에서 보면 인간은 무한한 잠재력을 가진 존재로 자신의 운명을 어떻게 개척해 나가느냐에 따라 성공의 성패가 판가름난다고 하겠다.

'노력하면 반드시 성공한다'는 말은 절대 진리가 아니다. 행운이 다가오기를 무작정 기다려서도 안 된다. 성공의 씨앗은 관계론을 훌륭하게 구축해 자신의 에너지 수준을 높일 때 비로소 열매를 맺게 된다. 그러기 위해서는 앞서 언급한 적절한 운동, 지적 수준을 높이는 독서와 공부 그리고 타인을 배려하고 사랑하는 덕망 에너지를 갖춰야 한다.이 3가지 성공 에너지를 갖추고 관계론을 잘 정립했다면 결코 실패하는 일은 없을 것이다.

사실 돈이란 우주 에너지가 지폐 혹은 카드 형태로 숫자화한 것에 불과하다. 반면 관계론을 잘 구축해 무한한 우주 에너지를 끌어 쓸 수 있는 가족, 친구, 귀인을 두는 것은 마치 거대한 은행을 소유하는 것과 같다.

진정한 성공을 꿈꾼다면 지금 당장 에너지 수준을 높여 최고의 관계론을 구축하라! 관계론은 그 자체만으로 성공이나 돈보다 더 귀한 당신의 행복 지킴이가 되어 줄 것이다. 어진 부모와 우애 있는 형제들, 좋은 배우자와 자녀 그리고 훌륭한 스승과 참된 친구를 곁에 두었다면 이제부터는 당신이 꿈꾸는 목표를 향해 달려가라.

꿈이 있는 사람은
절대로 지지 않는다

❦ "병사 한 사람이 꾸는 꿈은 단순한 꿈에 불과하지만
모두가 꾸는 꿈은 현실이 된다."

고유한 나만의 꿈을 선택하라

'생생하게 꿈꾸면 이루어진다.'

한때 이 문구가 열풍을 몰고 온 적이 있다. 이 말은 한편으로는 맞으면서도 다른 한편으로는 공염불이기도 하다. 확률은 반반이지만, 꿈꾸는 것만으로 꿈이 이루어진다면 지금의 세계적 불황은 오지 않았을 것이다.

꿈꾸는 것과 현실은 그만큼 일치하기가 힘들다. 수없이 많은 사람들이 꿈꾸지만 대부분 이루지 못하는 까닭은 노력을 하지 않았기 때문만은 아니다.

꿈을 이루기 위해 엄청난 대가를 치르고도 끝까지 꿈을 이루지 못한 사람들도 많다. 30년을 꿈꾸고 노력해도 인간적인 성숙과 관계론의 내공이 다져지지 않으면 꿈은 절대로 이루어지지 않는다. 꿈을

현실화하는 사람들은 오랫동안 그 꿈을 가슴속에 품고 인간적인 성숙과 더불어 관계론의 내공을 다졌다는 공통점이 있다.

따라서 '노력하고 꿈꾸면 반드시 이루어진다'는 말은 거짓말이다. 아무리 많은 희생을 치러도 혼자만의 꿈에는 한계가 있다. 꿈은 관계론 속에서 몰입과 내공이 결합될 때 비로소 이루어진다. 실제 관계론의 관점에서 꿈꾸는 능력과 내공은 엄밀한 객관성을 요구한다. 기본적으로 그만한 대가를 치르는 과정이 반드시 필요하며, 그 성취가 관계론의 모든 사람들에게 기쁨이 되어야 한다.

따라서 꿈꾸는 능력을 키우기 위해서는 자신의 에너지를 강화하는 동시에 관계론을 명확히 해야 한다. 그러기 위해서는 자신이 서 있는 지점에서부터 관계론에 따른 정확한 꿈을 설정하고 몰입하며 내공을 길러야 한다. 그렇지 않으면 최소한 10년은 무상하게 흘러가버릴 수 있다.

주변에 고시를 준비하는 수험생을 보라. 그들을 보고 있노라면 꿈과 현실의 간극을 분명히 알 수 있다. 나는 2002년~2003년까지 1년간 사법 시험을 준비하는 수험생들을 대상으로 체질, 적성, 건강, 에너지 수준에 대해 상담을 해준 적이 있다. 당시 수험생 대부분은 오랜 시험 준비에 눈빛이 흐릿하고 표정은 무기력했다. 그들 중에는 우리나라 최고 대학이라 불리는 S대 법대를 졸업한 수재들이 상당수였다. 당시 나는 그들에게 3가지 질문을 던졌다. 첫째, 공부 이외에 에너지를 주로 어디에 쏟는가? 그들 대부분은 이성에 대한 생각으로 많은 시간을 보낸다고 고백했다. 그렇게 되면 심각한 에너지 방출로 두뇌의 기능이 저하되어 집중력이 현저하게 떨어진다. 둘째, 당신이 절박하게 꿈꾸는 것은 무엇인가? 이 질문에 대한 그들의 답을 들어 보니 그들 중 최소한 80퍼센트는 막연한 꿈을 꾸고 있었다. 냉철하게 객관화된 꿈이 아닌 망상에 가까운 꿈을 10년 이상 꾸는 사람도 있었다. 거의 습관적으로 독서실형 인간이 되어 있을 뿐, 고시 합격과는 애당초 거리가 먼 사람이었다. 셋째, 현재 당신의 꿈이 적성에 맞다고 생각하는가? 이 질문에 그들 중 지극히 소수만이 자신의 꿈과 적성이 거의 일치한다고 대답했다. 그들은 자신의 꿈을 이루기 위해 간절하게 꿈꾸었고 그 꿈을 이루기 위해 그 수준에 걸맞은 노력을 기울이고 있었다. 하지만 간절한 꿈에 비해 그들의 에너지 수준은 형편없이 떨어져 있었다. 꿈꾸는 것만으로는 결코 원하는 것을 성취할 수가 없는 상황이었다.

이렇다 보니 사법 시험 합격 발표를 보면 합격생은 300명 중 1명이 나올까 말까 했다. 확률로 보면 0.25퍼센트에 불과하다. 전국에서 내로라하는 수재가 모인 신림동 고시촌의 꿈이 이러했다.

그렇다면 보통 사람들의 꿈은 어떨까? 신림동 고시생의 꿈과 크게 다르지 않다. 모 매체에서 발표한 부자 통계에 따르면 우리나라에서 현금 30억 이상을 보유한 부자는 전체 인구의 0.22퍼센트에 불과하다고 한다. 결과가 이러한데도 모든 사람이 똑같은 꿈을 꾸어야 할까? 절대 그래서는 안 된다.

당신에게 지금 필요한 것은 당신만의 고유한 꿈을 선택하는 일이다! 꿈꾸는 능력은 당신이 가장 바라는 꿈이 무엇인지를 가려내는 데서부터 출발한다. 정말로 당신이 좋아하고 이룰 수 있는 가치가 있으며 꼭 이룰 수 있다고 확신하는 꿈을 꾸어야 한다. 이때 꿈은 목표를 세워 구체적으로 관리해야 한다.

신림동 고시촌 수험생들에게 내린 내 처방은 다음과 같았다.

첫째, 이성에 대한 지나친 몰두는 절제하라. 이성에 대해 지나친 호기심을 갖게 되면 통제 불가능한 에너지의 손실을 초래하기 때문이다. 원하는 것을 얻기까지는 무엇보다 절제하는 마음이 필요했다. 절제의 방법으로는 인내, 몰입, 운동을 처방했다.

둘째, 막연한 꿈 대신 누구도 가질 수 없는 자신만의 꿈을 선택하라. 헛꿈을 꾸며 시간을 낭비하기보다는 자신의 수준과 적성을 정확히 파악하고 거기에 맞는 시험을 보라고 권유했다.

셋째, 자신의 적성을 파악했다면 거기에 맞는 새로운 꿈을 설정하고 그런 다음 에너지 수준을 강화하라. 이 처방을 위해서 수험생들이 에너지 수준을 강화할 수 있도록 구체적인 체질 상담을 해주었다.

꿈을 꾸는 것은 개인의 자유지만 그 꿈이 이루어지게 하려면 구체적인 노력이 동반되어야 한다. 또한 한 개인이 아니라 관계론의 모형을 통해 많은 사람이 함께 꿈을 꾸면 시간을 단축할 수 있다.

백전백승, 관계론의 마력

가장 빠른 시일 내에 꿈을 실현하려면 꿈꾸는 능력과 관계론의 에너지가 하나로 합치되어야 한다. 관계론의 모형을 통해 공동체 의식으로 꿈이 결집되면 강한 에너지가 형성되어 빠르게 꿈을 이룰 수 있다. 칭기즈칸은 이것에 대해 다음과 같이 말했다.

"병사 한 사람이 꾸는 꿈은 단순한 꿈에 불과하지만 모두가 꾸는 꿈은 현실이 된다."

선천적 관계론인 부모형제가 원하는 꿈과 후천적 관계론인 아내와 자녀가 원하는 꿈 그리고 사회적 관계론에 해당하는 스승, 친구, 동료가 원하는 꿈의 공통분모가 당신이 원하는 꿈과 일치할 때 가장 객관적이며 강력한 에너지가 생성된다. 그리고 이때 당신의 꿈은 가장 빨리 현실이 된다. 한 집안에 박사학위를 딴 형제가 무더기로 배출되거나 장군 혹은 판검사가 쏟아지는 이유는 관계론의 마력 덕분이다.

공동체에서 일어나는 에너지 결집은 상상할 수 없을 만큼 강력하다. 물론 경우에 따라서는 이와 같은 원리만으로는 실현시킬 수 없는 꿈도 있다. 부모형제가 모두 비관적으로 생각하거나 아내와 자녀가 모두 반대하는 꿈 또는 스승, 친구, 동료가 말리는 꿈은 엄청난 대가를 치러야 하고 그만큼 세월이 흘러야 한다. 그나마 용케 당신의 재능과 꿈이 맞아떨어졌을 경우에만 성공 가능성이 있다.

물론 한 개인의 선택에 의한 꿈의 실현 가능성을 전면 부정하는 것은 아니다. 그러나 한 사람의 에너지만으로 꿈이 이루어질 확률은 낮을 수밖에 없다. 혼자만 원하는 꿈을 선택하게 되면 엄청난 시간과 노력을 투자해야 하고 때로는 혹독한 대가를 치러야 한다. 그것이 자연의 이치다.

따라서 꿈꾸고 몰입하기 위해서는 관계론의 원리를 수용하는 것이 최소의 비용으로 최대의 효과를 올릴 수 있는 최선의 방법이라 하겠다. 혼자 전력투구하는 것도 좋지만 관계론의 에너지를 집약해서 꿈꾸고 몰입한다면 훨씬 더 충만한 에너지를 가질 수 있다.

현재 판사로 재직 중인 M씨가 사법 고시에 합격하기 전에 있었던 일이다. 30년 전 그가 사법 고시를 치던 당일, 그의 어머니는 빳빳한 만원짜리 지폐 1백만원을 준비한 다음 서울의 지하도를 순회했다. 길거리 걸인이나 장애인들에게 적선하기 위해서였다. 이 행위는 지극히 사소해 보일 수 있다. 하지만 그들의 감사하는 마음이 고스란히 전해져 아들이 시험에 합격하도록 하는 에너지원에 상승효과를 가져왔다.

어머니의 간절한 바람 덕분인지 그해 M씨는 사법 고시에 합격으며 지금도 판사로 재직 중이다. 관계론의 힘은 이렇게 작용한다.

평강 공주와 유재석이 사용한 꿈의 공식

"자꾸 울면 바보 온달한테 시집보낼 거야."

고구려 평원왕은 울보 딸 평강 공주에게 자주 이렇게 말했고 평강 공주는 바보 온달에게 시집을 갔다.

바보가 예쁜 공주님을 신부로 맞이하고 자신의 실력으로 무술대회에서 당당히 장원이 되었으며 결국 장군이 되었다는 '바보 온달과 평강 공주' 이야기는 관계론을 설명하는 대표적인 사례다.

바보 온달은 홀어머니 슬하에 가난한 더벅머리 총각이었다. 어느 날 결혼을 못할 수도 있는 그에게 평강 공주가 제 발로 찾아온 것이다. '울면 바보 온달에게 시집을 보내겠다'는 아버지의 말암시이 현실이 된 것이다. 평소 반복적으로 딸의 관계론에 암시를 주었기 때문에 그것이 실현된 것이다. 평강 공주는 선천적 관계론에서 아버지의 암시를 받고 가출하여 실제 바보 온달을 선택했다.

《삼국사기》에 따르면 바보 온달은 '심성이 밝고 착하다'고 기록되어 있다. 그뿐만 아니라 아내가 된 평강 공주를 만난 이후부터는 학문에 매진하고 무술연마에 힘썼으며 훗날 장군이 되었다. 인생 역전을 이룬 것이다!

바보에서 장군이 되기는 하늘에 별 따기보다 더 어려운 반전이다. 그러나 관계론으로 보면 당연한 귀결이다. 남편 운명 개발의 대표 격으로 '바보 온달'이 있고, 아내 운명 개발의 대표 격으로 '신데렐라'가 있는데 이들은 관계론의 대표 수혜자들이다.

우리 속담에 '여자 팔자 뒤웅박 팔자'라는 말이 있다. 이 말은 여자만 아니라 남성에게도 해당된다. 부부 관계론으로 보면 강렬한 사랑의 에너지가 모여야 운세가 좋아지고 마침내 꿈을 이루게 된다. '바보 온달과 평강 공주' 이야기는 소설 같지만 역사적인 사실이다. 소설보다 더 소설 같은 일들이 언제든지 현실에서 일어날 수 있다. 실제 부부 사이는 가장 강렬한 운명의 변화를 가져올 수 있는 관계다.

현재 최고 인기를 누리며 예능 프로그램을 이끌고 있는 유재석을 보아도 관계론의 힘을 확인할 수 있다. 지금의 유재석은 대중적 인기를 한몸에 받고 있는 예능 프로그램의 별이지만 한때 지독하게도 뜨지 않은 개그맨이었다. 개그맨 최양략은 이런 유재석에 대해 다음과 같이 말했다.

"〈유재석과 순대국 형제〉라는 코너에서 내가 형, 유재석이 동생으로 등장했습니다. 당시 유재석은 PD들에게 연기를 못한다고 매일 혼이 났어요. 거의 7~8년을 밀어주는데도 불구하고 못 뜨는 유재석을 보면서 '이 정도로 해도 안 되는 친구도 있구나!' 하고 생각할 정도로 안타까웠죠."

현재 유재석은 '뭘 해도 안 되는 개그맨'에서 이제 예능계를 평정하고 '뭘 해도 되는 최고의 스타'가 되었다. 그렇다면 그의 잠재력을 일깨우고 성공으로 이끈 요인은 무엇이었을까? 당시 KBS 예능 PD 김웅래는 유재석의 전환기를 다음과 같이 설명했다.

"당시 유재석은 사석에는 누구보다 웃기다가도 카메라만 돌아가면 얼어버리곤 했죠. 그런데 어느 날 한 버라이어티 쇼 프로그램에서 A팀, B팀을 나눠서 게임을 진행했는데 그때 유재석이 탁월한 재능을 보이더라구요. 이것이 계기가 되어 버라이어티 쇼에서 MC로 인정받아 오늘날 승승장구하게 된 것 같습니다."

유재석은 개그 프로그램에서 빛을 못 보다가 자신의 재능과 끼가 잘 맞아 떨어진 버라이어티 프로그램을 만나 급기야 7~8년의 힘든 시기를 벗어날 수 있었다. 관계론 속에서 살펴보면 평소 겸손하고 남을 돋보이게 하는 그의 스타일이 결국 빛을 발하게 된 것이라 할 수 있다.

예능 프로그램 〈무한도전〉을 보자. 이 프로그램에서 유재석은 멤버들의 눈높이에 자신을 맞춰가며 팀을 이끌어가는 놀라운 능력을 보인다. 2인자 박명수를 돋보이게 하고 그 밖의 멤버들을 배려하며 진행을 잘 이끌어간다.

유재석의 과거를 봐도 마찬가지다. 선배 개그맨들이 그에게 많은 도움을 주었고, 담당 PD가 끈질기게 기회를 주었다는 말 속에서 그의 훌륭한 관계론을 짐작할 수 있다. 주변에서 밀어주고 자신이 포기하지 않고 꾸준히 노력하면 결국 능력을 발휘하게 된다. 선배들이 수년 동안 그를 밀어 준 데는 유재석이 그만큼 사회적 관계론을 잘 구축하고 유지했기 때문이다.

그뿐만 아니라 유재석은 무명생활이 길었지만 그때 자포자기하는 대신 부족한 실력을 키우고 꾸준히 잠재 능력을 개발해 나갔다. 그 결과 시청자들의 공감을 이끌어내는 데 성공했다. 이런 측면에서 유재석은 이 시대 관계론을 잘 구축하고 잠재 능력 개발로 성공한 대표 스타라 하겠다.

행복을 끌어당기는
4가지 마법의 힘

🌸 관계론의 대상을 선택할 때 가장 먼저 고려해야 할 사항은 상대방이 당신에게 얼마나 행복 에너지의 작용력을 높여 주느냐이다.

행복 에너지 생성 법칙

꿈꾸고 노력하는 것도 좋지만 그 이전에 행복해야 하는 이유는 행복 에너지가 충만할 때 몰입이 이루어지고 당신이 꿈꾸는 성공을 거머쥘 수 있기 때문이다.

이런 의미에서 행복은 가장 순수한 에너지 결정체라 할 수 있다. 성공을 이룬 사람들 중에서 불행을 느끼는 사람이 있을까? 성공한 사람들은 충만한 행복 에너지를 가지고 있다. 실제 성공한 사람들을 만나보면 대개 행복 지수가 높다. 그들은 일, 사랑, 가족에 대한 높은 만족도를 보이고 있다. 불행하다고 느끼면서 성공을 성취할 수는 없기 때문이다.

성공한 사람과 실패한 사람의 행복 에너지를 비교하면 극명한 차이를 알 수 있었다. 특히 매사에 부정적이고 정체되어 있는 사람들은 행복 에너지에 대한 강한 거부감을 보이기까지 했다. 그들은 행복을 느낄 겨를이 없는 것이 아니라 행복 에너지 결핍 상태라 할 수 있다.

반면 긍정적이고 성공적인 삶을 사는 사람들은 밝고 활기찬 삶 속에서 행복을 느끼며 산다. 그들의 행복 에너지 역시 강력하다. 성공한 사람들이 행복 에너지가 강할 수밖에 없는 것은 에너지 수준이 높아서 자신감과 감정이 안정되어 있기 때문이다. 그들은 무슨 일에서든 창의성을 발휘하고 높은 성과를 발휘한다.

행복 에너지가 결핍되면 성공 에너지도 감소한다. 심리적으로 행복 에너지가 결핍되면 안정감을 찾을 수 없게 되고 몰입이 이루어지지 않는다. 몰입은 행복 에너지에 의해서 이루어지며, 행복 에너지 없이는 몰입을 할 수가 없다. 성공한 사람들의 성공 스토리를 보면 예외 없이 관계론이 안정되어 있고 몰입을 통해 성과를 이룬 사람들이라는 사실을 알 수 있다.

행복 에너지의 다른 이름은 사랑, 평화, 안정, 성취다. 이것들은 심리적 안정과 행복한 관계론으로 사람들에게 몰입을 가능하게 한다. 행복 에너지에서 관계론을 뗄 수 없는 것은 행복은 여럿이 나눌 때 더 커지기 때문이다. 혼자서 행복한 사람은 없다. 행복은 철저하게 관계론을 토대로 발산되는 에너지다.

불행한 사람들을 살펴보자. 그들은 대개 병적인 강박증에 시달린다. 행복을 잘 느끼지도 못하지만 대개 관계론의 모형이 파괴되어 있거나 불안정한 상태가 많다.

그렇다면 행복 에너지를 높이려면 어떻게 해야 할까? 우선 관계론을 조화롭게 구축해야 한다. 다음은 행복 에너지를 끌어올리기 위한

4가지 방법이다.

  1. 성공 에너지 2. 부자 에너지 3. 행복 에너지 4. 사랑 에너지

  1번 성공 에너지를 선택하면 곧바로 성공하게 될까? 성공 에너지
는 행복 에너지가 없으면 이루기 어렵다. 2번 부자 에너지를 선택하
면 부자가 되는 걸까? 부자 에너지는 성공 에너지 없이는 불가능하
다. 3번 행복 에너지를 선택하면 행복해질까? 행복 에너지는 사랑
에너지 없이는 행복할 수 없다.

  해답은 4번 사랑 에너지에 달려 있다. 앞에서 언급했듯이 사랑 에
너지가 충만해야 행복 에너지가 따라오고 행복 에너지가 있어야 성
공 에너지가 따라오며, 성공 에너지가 형성되고 그러다 보면 저절로
부자 에너지가 끌려온다. 간혹 성공 에너지나 부자 에너지가 있어도
행복하지 않은 경우가 있는데 이것은 사랑 에너지가 고갈되어 있기
때문이다.

  에너지의 법칙도 순리에 맞아야 한다. 사랑하면 행복은 자연스럽
게 따라온다. 또 행복해야만 진정한 성공과 부를 거머쥘 수 있다. 결
론적으로 모든 에너지를 이끌어오고 화합시키는 것은 사랑 에너지
이며, 그것의 바탕에 행복 에너지가 있다.

  이제 혼자가 아닌 함께 사랑 에너지를 높여 행복 에너지를 끌어올
려보자. 그러면 건강과 체력은 저절로 강화되고 관계론의 모형이 완
성되어 소망하던 꿈을 이루게 될 것이다.

관계론 대상을 선택할 때 고려할 4가지 법칙

관계론의 대상을 선택할 때 가장 먼저 고려해야 할 사항은 그 사람이 당신에게 행복 에너지의 작용력을 높여 주느냐이다. 행복 에너지가 높은 사람일수록 에너지 교류가 더 강하게 일어나기 때문이다.

행복 에너지를 높일 수 있는 관계론의 대상을 선택할 때는 다음의 4가지 법칙을 고려하라.

첫째, 코드가 맞는지를 점검한다. 이왕이면 낙관론자이면서 자신보다 장점이 많고 평균 이상의 능력을 갖춘 사람을 찾는다. 그러나 조건이 아무리 좋아도 코드가 맞지 않는다면 에너지 교류는 중단해야 한다.

둘째, 대상 자격 기준을 엄격하게 적용한다. 사회적 관계론의 대상을 물색하기 위해서는 교육 수준, 업무 능력, 의사소통 능력, 열정, 에너지 수준 등의 자격 기준을 미리 정해 놓는다. 이때 오랫동안 변치 않고 서로 '윈윈' 할 수 있는 대상을 선택한다.

셋째, 검증 시간을 충분히 공유한 관계론 속에서 찾는다. 주변 사람 중 믿을 만한 사람이 추천하거나 보증하는 사람일수록 팀워크를 높일 수 있다. 이때 코드까지 맞으면 금상첨화다.

넷째, 많은 사람에게 물어보고 신중히 검토한다. 사회적 관계론을 맺을 사람이면 일단 검증이 된 후에도 평판이나 관계 속에서도 지속적으로 검토할 필요가 있다. 결국 모든 일은 사람이 하는 것이기 때문에 자신과 코드가 맞는 사람을 찾아야 한다.

사회적 관계론에서 코드가 맞는 선택할 때는 성공 에너지뿐만 아니라 행복 에너지를 교류할 수 있는 사람이어야 한다. 사람을 선택할 때는 반드시 행복 에너지를 염두에 두고 구체적으로 기록하고 점검해야 한다.

만약 정치 혹은 사업을 하는 사람이 자신의 수족과 같은 참모를 거느리지 않는다면 성공적으로 업무를 수행 할 수 없게 된다. 그리고 분명 그 과정에서 많은 난관에 부딪히게 될 것이다.

최상의 파트너는 서로 행복을 나눌 수 있고 신뢰를 느낄 수 있는 관계다. 그렇게 될 때 비로소 강력한 결속력을 일으킬 수 있다. 팀원 간 결속력이 강하면 강할수록 최상의 결과를 얻게 된다. 따라서 관계론의 대상을 선택할 때는 대상에 대한 주변의 의견에 귀 기울여야 한다. 동업자, 선후배, 친구 등 사회적 관계론을 잘못 선택해서 뜻하지 않은 실패를 겪는 사람들을 주변에서 어렵지 않게 발견할 수 있다.

이외에 후천적 관계론을 잘못 선택하게 되면 치명적인 불운을 불러올 수 있다. 만약 사랑 에너지의 저하로 불행을 느끼는 부부라면 행복 에너지가 바닥에 떨어진 상태이기 때문에 무슨 일을 하든 좋은 에너지를 끌어당길 수 없다. 따라서 후천적 관계나 사회적 관계를 맺을 때는 당신의 꿈과 목표에 맞는 사람인지 충분히 고민한 뒤 선택하라!

헬렌 켈러와 관계론의 기적

❖ 잘못된 만남을 되풀이하지 않기 위해서라도 인연의 옥석을 가려낼 줄 알아야 한다

꿈을 이루어 주는 멘토를 가져라

"나는 내 역경에 대해 하나님께 진실로 감사드린다. 역경 덕분에 나는 진정한 나, 직업 그리고 하나님을 발견할 수 있었다."

이 말은 엄청난 장애를 극복하고 꿈을 이룬 헬렌 켈러가 남긴 명언이다. 아마도 그녀만큼 자신의 운명을 극적으로 바꾼 사람도 드물 것이다.

헬렌 켈러의 일생은 그야말로 관계론의 정수라 할 만큼 극적이었다. 두 살 때 뇌염을 앓은 직후 청력과 시력을 잃었고 결국 말도 할 수 없게 되었다. 듣지도 보지도 말하지도 못하는 3가지 장애를 갖게된 것이다.

그러나 불행 중 다행으로 선천적 관계론은 좋아 훌륭한 부모를 만날 수 있었다. 어린 딸을 위해 부모는 당시 최고 의사에게 헬렌 켈러

를 보였지만 시력 회복은 불가능했다. 대신 의사는 그녀의 아버지에게 당시 전화를 발명한 벨을 소개했고 그 의사는 다시 '설리번'이라는 여자 선생님을 소개하게 된다.

관계론에서 보면 당시 청력을 잃은 어머니를 둔 벨은 장애인 후원 사업을 활발하게 펼치고 있었기 때문에 헬렌 켈러를 돕는 데 적극적이었다. 또 설리번 역시 한때 시력을 잃고 고통을 겪다가 시력을 회복한 경험이 있었기 때문에 평생을 장애인을 돕는 일에 헌신하겠다고 결심하고 장애인 학교를 졸업한 상태였다. 벨에게 헬렌 켈러 이야기를 들은 설리번은 흔쾌히 그녀의 가정교사가 되기로 결심했다.

설리번은 헬러 켈러를 가르치러 간 첫날 그녀에게 인형을 쥐어 주면서 손바닥에 '인형'이라고 쓰면서 교육을 시작한다. 당시 보지도 말하지도 듣지도 못하는 장애를 갖고 있던 헬렌 켈러가 놀랍게도 그것을 기억했다. 그 다음부터 설리번은 계속해서 손바닥에 글을 써가며 헬렌 켈러에게 글과 문장을 가르쳤다. 이후 헬렌 켈러는 언어 훈련 전문 교사인 홀라를 만나 마침내 글씨를 쓰고 입 모양으로 커뮤니케이션을 할 수 있게 되었다.

헬렌 켈러는 훗날 클리블랜드 대학을 졸업하고 저술과 강연 활동을 통해 장애인을 돕는 운동을 활발하게 전개한다. 그녀는 20개 나라를 순회 강연했고 수많은 장애인들에게는 희망의 증거가 되었다.

그럼 이제 여기서 헬렌 켈러의 관계론을 정리해 보자. 그녀는 선천적 관계론에서 좋은 부모를 두었고, 사회적 관계론에서는 벨과 설리번, 홀라를 통해 성장할 수 있었다. 3가지 장애를 가진 헬렌 켈러가 세계적인 명사로 성공할 수 있었던 데는 타고난 총명함과 높은 수준의 에너지가 중요한 역할을 했지만 그에 못지않게 부모와 설리번 선생님의 헌신적인 사랑이 없었다면 불가능했을 것이다.

관계론은 이렇게 한 사람의 일생에 결정적인 역할을 하며 관계론의 완성은 그 자체로 기적을 일으킨다. 세계적인 위인들의 전기를 읽어보면 예외 없이 관계론의 기적을 발견할 수 있다. 성공한 사람 뒤에는 언제나 주변 사람들의 도움이 숨어 있다.

보통 사람도 예외는 아니다. 어떤 사람이든 관계론을 통해 작은 기적을 이루며 살아간다. 차이가 있다면 어떤 꿈과 어느 정도의 에너지 수준을 가졌느냐 일뿐이다. 관계론의 기적은 헬렌 켈러처럼 절망과 어둠 속에 갇힌 인간에게만 해당되는 것은 아니다. 누구나 주변에 도움의 손길을 내밀면 희망의 불빛을 찾을 수 있다.

혹시라도 지금 암흑 속에 갇혀 있다고 해도 결코 절망할 필요 없다! 현재의 어둠은 일시적이다. 지금의 어둠이 아무리 짙다고 해도 한 줄기 빛이 닿기만 하면 그 어둠은 순식간에 사라질 것이다. 반대로 아무리 빛으로 가득 찬 삶을 영위한다 해도 어둠이 드리우기 시작하면 순간에 모든 빛을 흡수해 버릴 수 있다.

따라서 매순간 늘 깨어 있는 연습을 해야 한다. 그러기 위해서는 가장 먼저 자기 내면의 부정 의식을 몰아내고 긍정의 에너지를 강화해야 한다. 그런 다음 관계론을 통해 에너지 수준을 높여야 한다. 이것이 가능하기 위해서는 선천적 관계론과 후천적 관계론을 공고히 하고 사회적 관계론을 잘 맺어야 하며 관계 개선을 위해 부단히 노력해야 한다. 그러다 보면 어느새 당신을 도와줄 귀인과 멘토를 만나게 될 것이다.

적과 친구를 구분하는 4가지 인연의 법칙

세상 만물은 본질적으로 원인에 따른 결과가 있게 마련이다. 원인이 있기 때문에 예측이 가능하다. 이런 측면에서 관계론도 예측 가능한 영역이다.

관계론의 역학 구조는 인연에 따라 달라진다. 인연因緣은 어떤 원인의 '인因'자에 따라 묶음의 '연緣'이 생기고 그로 인해 능력이 발휘되거나 사장되는 원리를 말한다.

관계론도 인연의 법칙이 적용되기 때문에 얼마든지 스스로 선택할 수 있고 조절이 가능하다. 그러나 인연의 법칙에는 변수가 많다. 좋은 인연이 순식간에 악연이 될 수 있고 악연이 좋은 인연을 연결해 주기도 한다.

사회에서 빈번하게 발생하는 사건사고를 보면 길연과 악연의 순환이 극명하게 드러난다. 예를 들면 몇 년간 두터운 친분을 유지하던 사이에 돈거래를 하거나 투자를 하게 되었을 때 이런 일이 종종 발생한다. 속된 말로 믿는 도끼에 발등 찍히는 사건이 일어날 수 있다. 관계론 측면에서 보면 관계론의 기본 원칙을 무시했기 때문이다. 즉 삶에서 적과 동지를 구분하지 못했기 때문이다. 잘못된 만남을 되풀이하지 않기 위해서라도 인연의 옥석을 가려낼 줄 알아야 한다. 다음은 사회적 관계론에서 반드시 알아야 할 인연의 법칙이다.

첫째, 소개를 받거나 혈연, 지연, 학연의 인연이라고 해도 반드시 신뢰의 기간이 필요하다. 최소한 3년 이상은 서로의 인격을 파악할 기간을 갖은 다음에야 길연이라고 할 수 있다.

둘째, 이익관계나 연줄에 의한 관계 혹은 혈연관계라고 해도 사회적 관습이나 통념의 범위를 벗어난 거래는 금한다. 길연이 악연이 되는 것은 투자나 돈거래 또는 이익을 무리하게 추구할 때 발생한다. 적법하며 상식의 범주에서 벗어나지 않는 거래나 교제가 될 때 좋은 인연을 유지할 수 있다.

셋째, 조직의 상하관계나 인맥을 통한 관계에서는 기본적인 코드 적용이 반드시 필요하다. 관계론에서도 먼저 지피지기, 즉 적을 알고 자신을 알아야 악연을 피해갈 수 있다. 상대방이 나와 코드가 맞는지 파악되지 않은 상태에서 인연을 맺을 경우 악연이 될 확률이 높다.

적용이 반드시 필요하다. 관계론에서도 먼저 지피지기, 즉 적을 알고 자신을 알아야 악연을 피해갈 수 있다. 상대방이 나와 코드가 맞는지 정확히 파악되지 않은 상태에서 인연을 맺을 경우 악연이 될 확률이 높다.

넷째, 냉철한 평가를 위해 정신적 또는 물질적 교류를 하며 점검을 해본다. '기브 앤드 테이크Give and Take', '물질이 가는 곳에 마음이 가고 마음이 가면 물질도 간다'는 원칙은 관계론에서도 그대로 적용된다. 늘 주기만 하는 관계거나 줄곧 받기만 하는 일방적 관계는 이미 균형이 깨진 상태이기 때문에 적당한 선을 긋는 것이 현명하다.

이상의 원칙은 지극히 당연한 것 같지만 계속해서 지켜나갈 때 좋은 인연을 끌어당기고 악연을 피할 수 있다. 표면적으로는 늘 잘해주는 것 같지만 결과적으로는 큰 피해를 입히는 관계가 있다. 따라서 사회적 관계론을 맺을 때는 앞서 소개한 인연의 법칙을 철저히 지키도록 노력하라.

관계론의 모형과 운세 예측

한 사람의 사주를 판단할 때 관계론의 모형은 필수적으로 살펴봐야 한다. 관계론의 모형은 자신의 사주를 중심으로 3단계로 나뉜다. 1단계는 부모형제를 중심으로 하는 선천적 관계론, 2단계는 처자식을 중심으로 하는 후천적 관계론 그리고 3단계는 혈연을 제외한 사회적 인연을 중심으로 하는 사회적 관계론이다. 이들 3단계 관계론 모형을 통해 자신의 현재 위치를 설정할 수 있다.

〈그림 5〉 사주의 12진법에 의한 관계론의 모형

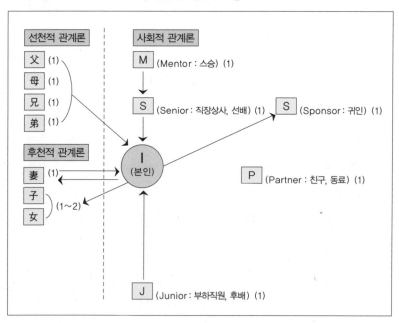

자신에게 절대적인 영향을 주는 관계론만 꼽아도 최소 12명은 된다. 이들과의 관계론 속에서 비로소 운세에너지의 흐름 예측은 가능해진다. 성장기부터 25세까지는 어떤 부모형제 밑에서 자랐는가에 따라 절대적인 영향을 받는다. 직장생활과 결혼 이후부터는 배우자나 자녀 또는 사회적 관계에 따라 많은 변수가 발생한다. 후천적 관계론과 사회적 관계론에 변화가 생기면 잠재된 능력을 새롭게 발견하는 것은 물론이거니와 숨겨진 성장과 발전의 코드를 찾아낼 수 있다. 즉 각 개인의 사주를 통해 체질과 에너지, 성격과 적성을 파악한 후에 관계론의 모형을 통해 운세를 예측한다면 인생의 로드맵은 한결 더 명확해진다.

지금 이 시간에도 자신이 무엇을 해야 할지 모르거나 건강 문제 혹은 진로 문제로 고민하는 사람들이 많을 것이다. 이때 관계론은 어둠 속에서 빛나는 한 줄기 빛처럼 당신의 현재 상태를 측정하고 운세를 예측하는 도구가 되어 줄 것이다.

한 개인의 사주를 보면 체질과 에너지 수준, 적성과 성격을 파악할 수 있다. 그 다음에 관계론의 모형을 보면 그가 어떤 사람인지를 객관적으로 알 수 있고, 그들과의 관계 속에서 어떻게 발전할지를 예측할 수가 있다. '장님 코끼리 만지기'식이 아닌, 객관적이고 과학적인 운명 논리를 알고 싶다면 가장 먼저 사주 관계론을 이해하는 일부터 시작해야 한다.

세렌디피터의 법칙_
조선의 거상 임상옥과 사회적 관계론

─────── 인삼 무역으로 조선 제1의 거상이 된 임상옥은 선천적 관계론과 사회적 관계론을 잘 관리한 대표적인 인물이다. 그는 상인이기 이전에 사람을 중시하는 사회적 관계론의 대가였다.

임상옥의 목표는 선천적 관계론의 영향으로 부친이 이루지 못한 '조선 제1의 상인'이 되는 것이었다. 그는 자신의 꿈을 품고 홍득주 문상에 점원으로 취직하여 인삼 교역을 시작했다. 임상옥은 타고난 감각으로 청나라 연경에 인삼을 팔아 큰 이문을 남겼다. 그러던 어느 날 뜻밖의 인연에 이끌렸다. 양가집 규수였지만 기구한 운명 때문에 유곽에 팔려온 장미령을 보고 측은지심을 일으켜 거금을 들여 그녀를 구한 것이다.

장사의 이문보다 사람을 중시하는 그의 가치관이 발동한 것이다. 인연의 법칙은 에너지 코드가 맞는 사람에게 자주 일어나는 현상으로 실리보다는 인간적인 마음이 우선하여 교류하게 되는 만남을 의미하는데 임상옥은 현실적 계산보다는 사람을 중시했기 때문에 그녀를 위기에서 구한 것이다.

그러나 그 결과는 참혹했다. 그녀를 구해 준 거금이 '공금 유용' 죄가 성립되어 상계商界에서 파문당하게 된 것이다. 임상옥은 이후 어쩔 수 없이 승려가 된다. 하지만 인연의 법칙은 반드시 보상받게 되어 있다. 장미령은 이후 고관대작의 부인이 되는 기회를 잡았고 절체절명의 순간에 자신을 도와준 임상옥을 잊지 않고 그가 상계에 다시 복귀하는 데 많은 도움을 주었다. 이번에는 장미령이 임상옥의 귀인

Sponsor이 된 것이다.

임상옥은 이 일을 계기로 사회적 관계론에 대한 지혜를 얻어 조선 제1의 상인이 될 수 있었다. 실제 그는 21세기에도 통할 수 있는 기업가 정신을 200년 앞서 실행했고 후세에 소중한 교훈을 남겼다.

조선 제1의 상인 임상옥은 인간관계를 최고의 덕목으로 생각했다. 이런 임상옥의 사회적 관계론을 살펴보면 첫째, 홍득주 문상의 점원으로 취직하여 그에게서 상인의 지표가 된 '장사꾼은 이윤을 남기는 것이 아니라 사람을 남기는 것'이란 소중한 가르침을 배웠다. 둘째, 사회적 관계론에서 가장 중요한 귀인론의 실천이다. 그는 무조건 베푸는 귀인의 씨앗을 심었다. 비록 그 일로 인해 상계에서 파문을 당하지만 나중에는 더 큰 결실을 거둘 수 있었다. 셋째, 불가에 입문 후 석숭 스님에게 인생의 멘토를 가진 사람만이 알 수 있는 지혜를 전수받음으로써 몇 번의 중대한 위기 상황을 극복할 수 있었다.

"장사란 이익을 남기기보다 사람을 남기는 것이다. 사람이야말로 장사로 얻을 수 있는 최대의 이익이며 신용은 장사로 얻을 수 있는 최대의 자산이다."

임상옥이 남긴 이 말은 사회적 관계론의 정수를 나타낸 명언이다. 사람은 가치를 창조하는 무형의 인적 자산으로 동서고금을 막론하고 이미 검증된 최고의 지혜라 하겠다.

Chapter 05

꿈이 현실이 되는
운명 개발 프로그램

. . . . .

에너지 수준을 높이면 꿈은 현실이 된다

행운을 끌어당기는 7가지 에너지 강화법

목표 의식과 공존의 원리

마인드 파워와 관계의 치유

에너지 수준을 높이면
꿈은 현실이 된다

❁ 타고난 에너지 수준이 낮은데도 불구하고 후천적 노력을 기울이지 않으면
자신도 모르는 사이에 운명에 끌려 다니게 된다.

운명 개발과 에너지의 함수관계

"넌 커서 도대체 뭐가 되려고 그러니?"

애가 게으르거나 실수가 많으면 부모가 입버릇처럼 하는 말이다. 이 한마디는 한 존재의 자아상에 엄청난 혼란을 일으킨다. '난 커서 뭐가 될까?' 성장기 아이라면 누구나 자신의 장래에 대해 궁금할 것이다.

관계론 측면에서 보면 부모나 주변의 기대가 알게 모르게 자녀에게 전달된다. 미숙한 개인이 자신의 장래를 온전히 결정하기란 쉽지 않기 때문이다. 이런 미래에 대한 불확실성 때문에 수없이 많은 사람들이 스트레스를 받는다. 이미 결혼을 해서 후천적 관계론을 형성한 사람도 마찬가지다. 배우자의 기대와 주변의 시선들이 끊임없이 자아상에 영향을 미친다. 그렇다고 개인이 자신의 미래를 혼자 결정하

기엔 인생이란 무대가 너무 희미하다. 이것은 확고한 꿈을 가진 사람도 마찬가지다. 자신이 원하는 꿈을 지향하면서도 어느 순간 절망과 혼란을 겪기도 한다.

대부분의 사람들은 자신의 진로를 선택하고 꿈을 향해 조심스럽게 나아간다. 그러다가 중도에 수많은 좌절과 실패를 경험하고는 99퍼센트 는 중도에 자신의 꿈을 포기하거나 다른 진로를 선택한다. 오직 1퍼센트만이 자신의 꿈을 성취하고 성공을 거머쥔다.

인생에서 이런 차이가 생기는 진짜 이유는 개별적인 체질과 에너지 수준에 따른 관계론의 영향 때문이다. 곧 두뇌의 차이가 이런 결과를 가져온다. 여기서 두뇌의 차이란 에너지 수준의 차이를 의미하며 결국은 체질과 에너지의 편차가 미래를 결정한다!

체질론은 서양 의학과는 본질적으로 다르다. 이것은 단순히 건강의 개념이 아니라 정신과 육체의 유기적 관계에서 나오는 성공 에너지를 뜻한다.

서양 의학은 기질적이며 국부적이기 때문에 어떤 특정한 장부의 이상 여부나 세균, 바이러스의 감염은 잘 찾아낸다. 반면 체질은 기능적이며 전체적인 시스템을 분석하는 것이기 때문에 정신과 밀접한 관계를 가진다.

예를 들어 소양인의 체질을 분석해 보면 장기 기능의 상태와 개인의 성격까지 구체적으로 확인할 수 있다. 심지어 적성과 심리 상태까지 알 수 있다. 생리에 바탕을 둔 심리 혹은 심리에 바탕을 둔 성격까지 분석이 가능한 것이다. 그러므로 체질과 에너지 수준을 정확히 알면 그 수준을 끌어올려 운명을 변화시킬 수 있다.

운세를 변화시키면 운명은 달라진다

"운세를 변화시키면 운명은 달라진다."

이 말은 운명이 고정된 것이 아니라 언제든지 변할 수 있다는 뜻이다. 곧 에너지운세는 인간의 삶에 주어지는 환경적 조건이기 때문에 얼마든지 선택이 가능하고 만들어낼 수 있다.

에너지 수준이 다르면 동일한 사주를 가졌더라도 삶의 질은 전혀 다르게 나타난다. 똑같은 사주를 가진 A와 B가 있다. A는 부모의 잦은 불화와 형제간 우애가 없는, 최악의 선천적 관계론을 가지고 있었지만 후천적 관계론과 사회적 관계론을 잘 구축했다. 반면 B는 선천적 관계론은 매우 좋았지만 후천적 관계론이 최악인 경우였다. 현재 A는 금융계에서 최고로 잘나가는 펀드 매니저로 활동 중이고 아내와의 사이도 원만했다. 반면 B는 훌륭한 조건에서 성장기를 보냈지만 성인이 된 이후 자기계발에 소홀했으며 경제적 문제로 아내와 다툼이 잦았다.

A와 B의 이런 차이는 어디서 비롯된 것일까? 두 사람의 인생에서 차이가 생긴 진짜 원인은 A는 자신의 타고난 에너지 수준을 높이며 자기계발에 피나는 노력을 기울였던 반면 B는 타고난 선천적 관계론에 안주하여 운세를 변화시키지 않고 정체된 삶을 살았기 때문이다.

이 두 사람의 사례를 잘 살펴보면 선천적 관계론이 아무리 나쁜 사람일지라도 후천적인 노력을 통해 에너지 수준을 강화하여 운세를 변화시키면 자신이 원하는 운명을 만들 수 있다는 사실을 분명히 알 수 있다.

운명은 스스로 만들어 가는 자의 것이다. 그런데 타고난 에너지 수준이 낮은데도 불구하고 후천적 노력을 기울이지 않으면 자신도 모르는 사이에 운명에 끌려 다니게 된다. 자신의 체질에 따른 에너지 수준을 안다는 것은 스스로 원하는 운명을 만들어 갈 수 있는 기초를 안다는 것과 같다. 그 다음은 자신의 강점과 약점을 파악하고 혼신의 힘을 다하여 에너지 수준을 강화하면 꿈을 이룰 수 있다. 운명 결정론에서 보면 불가능한 일이지만 관계론에서는 얼마든지 가능한 일이다.

이러한 관점은 서양의 성공 철학서에서 오래전부터 강조해 왔던 논리다. 하지만 여기에는 운명과 운세 개발을 위해 에너지 수준을 어떻게 높여야 하는지에 대한 구체적인 지침이 없다.

'누구에게나 해당되는 성공 방정식이 있다'는 말은 사실이 아니다. 사람은 천차만별의 개성을 지닌 개별적 존재다. 그러므로 전체로 접근하기보다는 한 사람의 체질과 에너지 수준에 따른 성공 가능성을 파악하는 것이 훨씬 중요하다. 즉 체질과 에너지 수준에 맞는 '선택'과 아울러 자신의 성격과 품성에 맞는 분야로 진출할 때 결실은 한층 풍성해질 수 있다.

능력을 극대화하는 운세 교정 프로그램

운세 교정 프로그램의 기본은 운세, 즉 에너지 파워에 달려 있다. 보통 '파워'는 생략하기도 한다. 에너지와 파워의 관계를 살펴보면

에너지Energy는 일을 할 수 있는 모든 형태의 내재된 힘 또는 동력원

화학 에너지, 열에너지, 빛에너지, 파동에너지 등이다. 반면 파워Power는 물리적 · 역

학적으로 끌어내져 방출 가능한 힘이다. 예를 들면 자동차에서 소모

되는 휘발유 에너지가 내연기관에서 연소되어 자체에서 에너지 소

멸, 열 손실, 배기 손실, 동력 전달 손실 등으로 사라지는 에너지를

제외하고 파워가 발생한다.

또 다른 관점으로 보면 에너지를 시간으로 환산한 것이 파워다. 즉

에너지의 단위를 J줄라고 하고 파워의 단위는 W와트로 표현하는데 이

것을 식으로 나타내면 J/S가 된다. 이는 단위 시간당 사용할 수 있는

에너지가 파워로 나타난 것이다. 따라서 운세 교정을 하기 위해서는

정신적 · 물리적 에너지와 파워를 강화해야 한다.

사상의학에서 말한 태음인 체질을 예로 들어보자. 보통 이 체질을

가진 사람은 간 기능이 좋고 에너지가 강해 쉽게 피로를 느끼지 않아

지구력과 의지력이 강하며 기획력이 뛰어난 편이다. 이때 간 기능이

좋다는 것과 에너지가 강한 것이 반드시 일치하는 것은 아니라는 사

실에 유의해야 한다. 에너지는 한 사람의 기본적인 건강 상태를 나타

내며 에너지의 발산 정도가 업무 역량에 실질적으로 영향을 미친다.

관계론 측면에서 보면 에너지 파워가 어느 수준인지에 따라 만나는

계층이 결정된다.

따라서 운세 교정을 하려면 확고한 자신감을 바탕으로 업무 역량

이 구체적으로 발휘될 수 있도록 노력하며, 그런 다음 거기에 맞는

관계론의 모형을 구축해 나가야 한다.

행운을 끌어당기는
7가지 에너지 강화법

✤ 운세는 운명론적으로 예측하고 판단하기보다는 자신의 에너지를 분석하여
스스로 좋은 에너지 흐름을 만들어 갈 때 변화가능하다.

분명한 꿈과 목표 의식, 뇌 에너지

뇌는 인체 에너지의 총본산이다. 인간의 모든 활동이 뇌를 중심으로 펼쳐지는 것처럼 에너지도 마찬가지다. 뇌 에너지의 용량에 따라 한 사람의 모든 것이 결정된다고 해도 과언이 아니다. 그 이유는 뇌가 인간의 모든 꿈과 목표 에너지를 관장하기 때문이다. 뇌 에너지가 충만할 때 꿈과 목표를 이룰 수 있으며 강한 자신감으로 능력과 역량을 최대한 발휘할 수 있다.

뇌 에너지를 강화하는 것이 말처럼 쉽지는 않다. 뇌 에너지는 오장육부의 에너지가 모두 정상이고 에너지 강화를 위해 많은 노력을 기울일 때 높아진다.

만약 오장육부 중에서 2개 이상의 장부가 약화되면 뇌 에너지는 급격히 저하되고 그 즉시 무력감, 불안감, 조바심에 빠질 수 있다. 뇌

에너지와 꿈과 목표의 관계는 다음과 같다.

▪ 뇌 에너지가 _ 강할 때 꿈과 목표 에너지가 최고로 강화되어 최상의 관계론을 맺을 수 있다. 매사에 자신감이 넘치고 자신의 실력을 십분 발휘를 하여 마침내 꿈과 목표를 이루게 된다.

▪ 뇌 에너지가 약할 때 _ 꿈과 목표 에너지가 혼란을 느낄 수 있는 단계로 최악의 관계론을 맺을 수 있다. 절망과 공허감을 잘 느끼며 혼란 상태에 빠지기 쉽다.

▪ 뇌 에너지 강화법 _ 뇌 에너지를 높이기 위해서는 먼저 오장육부를 강화해야 한다. 그런 다음 꿈과 목표를 분명히 하고 독서를 비롯한 자기계발에 힘써야 한다. 더불어 멘토, 친구, 선후배 등 좋은 사회적 관계론 모형을 만드는 것도 뇌 에너지의 강화에 큰 도움이 된다.

▪ 뇌 에너지가 강한 대표적인 인물 _ 빌 게이츠, 손정의, 이건희

뛰어난 판단력, 폐 에너지

폐는 판단 에너지를 관장한다. 운동 선수들이 매순간 빠른 판단을 내려야 하는 것처럼 폐가 발달하면 판단 에너지가 자연스럽게 강화된다. 폐에서 뇌에 산소를 공급하여 뇌세포의 작용력을 강화하기 때

문에 판단력에 영향을 미친다. 관상학에서 코와 재물을 연계하는 이유도 여기에 있다. 즉 뇌에 산소를 공급하는 코의 크기를 가지고 판단력을 보기 때문이다. 실제 성공한 사람들을 보면 대개 코가 크고 폐 기능이 좋다.

폐 에너지가 판단력을 나타내기 때문에 코가 큰 사람, 즉 폐 기능이 발달한 사람이 대체적으로 리더가 되는 경우가 많고 관계론의 모형을 잘 구축한다. 폐 에너지와 판단력의 관계는 다음과 같다.

▪ 폐 에너지가 강할 때_ 판단력이 빠르고 합리적인 결정을 내리며 적응력 또한 빠르다. 과단성이 있고 냉철하며 리더십을 발휘한다. 박수를 받는 일이 많다. 다양한 사람들과 가슴폐을 열고 교류하며 관계를 잘 맺는다.

▪ 폐 에너지가 약할 때_ 판단력이 저하되어 망설이는 경우가 자주 발달하고 오판이 잦아지며 슬픈 감정을 잘 느낀다. 이때는 리더십이 떨어지고 관계를 잘 맺지 못하며 소외되거나 고립되기 쉽다.

▪ 폐 에너지 강화법_ 폐 기능의 강화를 위해서는 호흡 수련을 하는 것이 좋다. 양질의 단백질을 섭취하고 달리기를 생활화하는 것이 좋다. 러닝머신이나 등산 등으로 심폐 운동을 하여 자연스럽게 폐 기능을 강화하고 매사에 적극적으로 참여하면 폐 에너지를 강화할 수 있다. 무관심은 폐 에너지에 지극히 나쁜 영향을 미친다. 일, 사물, 인간에 대해 지속적으로 관심을 기울이고 좋은 관계론의 모형을 위해

최선을 다하면 폐 에너지를 강화할 수 있다.

■ 폐 에너지가 강한 대표적인 인물_박정희, 정주영, 잭 웰치

초지일관 의지력, 간 에너지

간은 의지력 에너지를 관장한다. 간은 침묵의 장기이자 오장육부 중에서 가장 큰 장기로 인체의 화학 공장이라 할 수 있다. 신경 호르몬을 비롯한 각종 효소, 면역력을 담당하며 의지력과 관계가 깊다. 그렇기 때문에 간 기능이 좋은 사람은 인내심이 강하며 목표를 위해 무섭게 매진하는 능력이 탁월하다. 관상학에서 간은 눈과 연계되어 있어 보통 눈빛을 보면 의지력을 알 수 있다. 간 에너지와 의지력의 관계를 살펴보면 다음과 같다.

■ 간 에너지가 강할 때_기쁨을 잘 느끼고 활기차며 의욕이 넘친다. 인내심과 뚝심이 있고 의지력이 강해 초지일관의 집념으로 목표한 꿈을 반드시 이루고야 만다. 관계론 측면에서도 한 번 맺은 인연은 오래 유지하며 좋은 만남을 유지한다.

■ 간 에너지가 약할 때_피로가 쉽게 누적되어 일을 진행시킬 의욕이 생기지 않는다. 의지가 약해 쉽게 포기하고 분노의 감정을 잘 일으키며 매사에 신경질적으로 반응한다. 또 관계론의 모형을 잘 만들

지 못하고 주변 사람과 싸움이 잦으며 사람을 오래 사귀지 못한다.

▪ 간 에너지 강화법_간 에너지를 강화에는 신선한 공기가 최고다. 또 간 기능을 강화하기 위해서는 섬유질채소 섭취를 늘리고 근육 운동에 힘쓰는 것이 좋다. 간 기능은 하루아침에 강화되지 않기 때문에 꾸준한 관리가 필요하다. 관계론 측면에서는 인내심을 가지고 귀인을 만들고 좋은 만남을 유지하는 노력이 필요하다.

▪ 간 에너지가 강한 대표적인 인물_스티브 잡스, 월트 디즈니

멈추지 않는 열정, 심장 에너지

심장은 열정 에너지를 관장한다. 심장은 뇌와 장부의 혈액을 순환시키기 때문에 열정 에너지 발산과 관계가 있다. 관상학에서 심장은 혀와 연계되어 있어 심장이 발달한 사람은 말을 잘하며 열정적이다. 관계론에서 심장 에너지가 강한 사람은 설득력이 뛰어나고 주변에 많은 사랑을 베풀고 받는다. 심장 에너지와 의지력의 관계를 살펴보면 다음과 같다.

▪ 심장 에너지가 강할 때_안정감과 자신감이 높고 집중력이 좋아지며 열정적인 성향을 갖게 된다. 심장 에너지는 모든 다른 에너지를 증폭시키는 역할을 하며 목표를 성취하는 원동력이 된다. 관계론 측

면에서 심장 에너지를 보면 먼저 열정을 발산하기 때문에 좋은 인연을 맺을 가능성이 높으며 주변 사람들에게 활기를 불어넣는다.

• 심장 에너지가 약할 때_불안감을 느끼고 쉽게 흥분하며 화를 잘 낸다. 열정이 없기 때문에 축 처져 있거나 매사에 부정적이 되기 쉽다. 또 감성이 예민해서 적극적으로 행동하기보다는 관망하는 자세를 취한다. 관계론 측면에서는 사랑에 인색하기 때문에 좋은 인연을 맺기가 힘들다.

• 심장 에너지 강화법_심장 에너지를 강화하기 위해서는 사랑이 특효약이다. 무한한 사랑을 베풀고 항상 밝게 웃으며 심폐 운동을 하면 심장 에너지는 자연스럽게 강화된다.
여기에 덧붙여 꿈과 목표를 위해 열정을 강화하고 타인을 배려하며 헌신하는 자세야말로 소리 없이 심장 에너지를 강화한다. 관계론 측면에서 먼저 사랑을 베풀고 봉사와 헌신하는 자세를 지니면 좋은 인연을 맺을 수 있다.

• 심장 에너지가 강한 대표적인 인물_나폴레옹, 박지성, 히틀러

왕성한 활동력, 비장 에너지

비장膵臟은 소화기관의 중심으로 활동력을 관장한다. 관상학에서

보면 비장은 윗입술에 해당하고 췌장은 아랫입술에 해당하며, 입술의 색과 상태에 따라 에너지 수준이 나타난다. 실제 비장 에너지에 따라 생체 에너지가 결정되므로 활동력과 직결된다. 관계론 측면에서 볼 때 흔히 '마당발'이라고 불리는 사람들이 비장 에너지가 강하다. 비장 에너지와 활동력의 관계를 살펴보면 다음과 같다.

■ 비장 에너지가 강할 때_활기차고 왕성한 활동력을 자랑한다. 추진력이 강해 일처리가 빠르고 관계론에서는 이해심과 포용성이 강해 넓은 인간관계를 형성한다. 비장 에너지가 강하면 좋은 관계론의 모형을 만든다.

■ 비장 에너지가 약할 때_쉽게 침체되고 매사에 소극적이며 공상과 잡념이 많아진다. 또 게으르며 부정적이고 편협한 사고를 하기가 쉽다. 관계론에서도 새로운 인연을 맺거나 낯선 곳에서 적응력이 떨어지며 소외되거나 고립될 수 있다.

■ 비장 에너지의 강화법_비장 강화를 위한 대표적인 양식은 당질이 높은 노란색 식품이 좋으며 비장을 강화를 위해서는 복근운동을 하는 것이 좋다. 비장이 좋은 상태에서 좋은 음식이나 식품을 섭취하면 곧장 에너지로 나타난다.

혈색과 컨디션이 좋다면 비장 에너지가 강하다고 볼 수 있으며, 운동으로는 복근운동이 가장 효과적이다. 또 비장 에너지를 강화하기 위해서는 적극적인 활동을 모색하고 매사 부지런하게 살아가는 습관을 몸에 익히는 것이 효과적이다.

• 비장 에너지가 발달한 대표적인 인물_반기문, 마이클 조던

부자 마인드 자금력, 신장 에너지

신장은 수기水氣를 통해 자금력을 관장한다. 풍수학에서 수기를 돈으로 보는 것과 같은 관점으로 인체에서 수분水分을 통제하는 신장이 자금 관리와 관계가 깊다.

관상학에서 신장은 귀를 통해서 드러나며, 귀의 형태나 색채가 밝으면 에너지가 강한 것으로 볼 수 있다. 관계론에서 신장은 깊이 있는 만남의 척도로 나타나며, 돈 거래를 할 수 있을 정도로 신뢰가 가는 인연일 때 교류가 오래 지속된다. 신장 에너지와 자금력의 관계를 살펴보면 다음과 같다.

• 신장 에너지가 강할 때_계산력이 빠르고 자금에 대한 감각이 뛰어나며, 지구력이 강하다. 자금 유통을 잘 시키며 자금 관리를 잘한다. 관계론에서는 한 번 맺은 인연은 오랫동안 변함없이 관리하며 특히 유대관계가 돈독하다.

• 신장 에너지가 약할 때_계산력이 저하되고 충동구매 욕구가 강하게 나타난다. 또 무력감과 소비 성향이 심해지며 자금 관리가 원활

하지 않고 비관적인 감정을 잘 느끼게 된다. 관계론에서는 인연을 새로 만드는 것도 힘들고 오랫동안 지속하기도 힘들며 유대관계가 약해진다.

▪ 신장 에너지의 강화법_신장의 대표적인 양식은 미네랄이 함유된 식품이다. 하체 운동을 열심히 하면 신장 에너지가 강화된다. 신장 기능은 점차적으로 약화되기 쉬우므로 평소에 올바른 식생활 습관과 하체운동을 통해 강화하는 것이 좋다. 가계부 쓰기를 생활화하여 경제 감각을 키우고 매사 절제하고 아껴 쓰는 습관을 몸에 익히는 것이 좋다.

▪ 신장 에너지가 강한 대표적인 인물_워렌 버핏, 조지 소로스

효과적인 인맥 관리, 성 에너지

인도의 요가에서는 성 에너지를 원기, 즉 인체의 으뜸 에너지로 꼽는다. 종족 보존이라는 유전적 성향으로 볼 때 성은 남녀의 화합을 주도할 뿐만 아니라 모든 인간관계를 잇는 강한 에너지 작용력을 지니고 있다.

스포츠나 스크린의 인기 스타를 보면 강한 에너지의 흐름을 느낄 수 있는데, 이는 물리적인 힘이나 권력을 떠나서 사람을 끌어당기는 성 에너지가 강하기 때문이다.

성 에너지가 강할 때 성적 매력뿐만 아니라 인간적 매력도 자연스럽게 일어난다. 따라서 관계론에서 성 에너지는 인맥 형성에 지대한 영향을 미치며 성 에너지가 강한 사람이 좋은 인연을 맺는 경우가 많다. 성 에너지와 인맥 관리 능력의 관계를 살펴보면 다음과 같다.

▪ 성 에너지가 강할 때_부드럽고 친절하며 붙임성이 많다. 친화력이 뛰어나며 부성적 혹은 모성적 에너지와 연결되어 따뜻한 카리스마를 지닌다. 관계론에서는 이성뿐만 아니라 동성에게도 인기를 끌 수 있는 요소로 작용하여 좋은 인연을 많이 맺는다.

▪ 성 에너지가 약할 때_불신감과 피해의식이 심해져 인간관계에 문제가 생기게 되고 위기감을 잘 느끼게 된다. 동물의 세계를 봐도 성 에너지가 약하면 늘 뒷전으로 내몰리거나 무리에서 쫓겨나는 것처럼 성 에너지가 약하면 인간관계가 약화되기 쉽다. 이 경우 관계론의 모형을 제대로 만들지 못하며 나쁜 인연을 만날 위험성이 높다.

▪ 성 에너지 강화법_성 에너지를 강화하기 위해서는 오장육부의 기능이 고르게 발달되도록 해야 한다. 오장육부의 기능 중 2가지 이상의 장부 기능이 약화되면 성 에너지는 확연히 떨어지며, 전체적인 활력에도 많은 영향을 미친다. 성 에너지와 가장 긴밀히 연결되어 있는 장부는 간으로 간 기능을 강화하면 간접적으로 많은 도움이 된다.

▪ 성 에너지가 강한 대표적 인물_카사노바, 클린턴, 미테랑

운세 교정 프로그램은 약한 장부의 기능은 보완하고 강한 장부의 기능은 전략적으로 강화하는 데 있다. 운세가 곧 에너지 파워이기 때문에 에너지를 강화하는 것만으로도 운세를 교정할 수 있다. 즉 운세는 운명론적으로 예측하고 판단하기보다는 자신의 에너지를 분석하여 스스로 좋은 에너지 흐름을 만들어 갈 때 가능하다.

목표 의식과 공존의 원리

❧ 선수가 자신만을 위해 경기에 임하면 결코 승리할 수 없다. 감독과 사인이
맞고 협조가 원활하게 이루어질 때 비로소 승리할 수 있다.

좌절하지 말고 꿈을 확신하라

원하는 것을 빠르게 획득하는 최고의 방법은 무엇일까? 그것은 두
말할 필요도 없이 원하는 목표를 분명하게 설정할 때 가능하다. 목표
를 설정했다면 그 꿈을 달성하기 위한 세부 계획을 세우고 날마다 조
금씩 실행해 갈 때 반드시 근사한 미래를 선물로 받게 된다. 물론 개
인의 관계론과 에너지 수준에 따라 그 시기는 앞당겨질 수도 있고 느
리게 올 수도 있다.

목표 달성의 시기를 앞당기려면 우선 관계론의 모형부터 완성해
야 한다. 독불장군식 생존이 아니라 유기적인 조직처럼 공존을 위해
주변의 협력과 지지를 얻는다면 어렵지 않게 목표를 달성할 수 있다.

오늘날은 혼자만의 생존방식으로는 살아가기 힘든 세상이다. 미
국에서 날아온 블랙 스완Black Swan이 순식간에 전 세계를 돌아 우리

나라에도 엄청난 파장을 몰고 온 사실만 봐도 이제는 생존이 아니라 공존의 시대가 도래했다는 사실을 알 수 있다. 따라서 자신의 생존을 위해 몸부림치기보다는 주변 사람들과 더불어 공존하는 관계론 모형이 필요하다.

개인의 목표를 설정할 때도 반드시 공존의식을 염두에 두어야 한다. 자신의 성공만을 위한 목표가 아니라 가족, 친구 또는 동료들과의 공동체적 목표 설정이 합의되어야 한다.

성공한 사람들의 공통점을 분석해 보면 그들은 공존을 위한 목표를 세운다. 따라서 홀로 생존하기 위해 목표를 세운 사람과는 이미 에너지의 수준이 다르다. 예를 들어 가족 전체를 먹여 살리겠다는 목표를 가진 50대 가장의 마음가짐과 홀로 자급자족하는 50대 독신자의 마음가짐이 같을 수는 없다. 목표 의식에 따라 에너지도 달라지고 성취 결과도 당연히 달라질 수밖에 없다.

만약 스포츠 경기에서 선수와 감독의 작전과 전술이 엇갈리면 어떻게 될까? 팀 전체를 생각하는 감독공동체과 자신의 플레이만을 염두에 둔 선수개인의 관점이 달라지면서 승부에서 이길 확률이 낮아진다. 관계론의 목표 의식도 이와 비슷하다. 관계론에서도 스포츠 경기에서처럼 선수와 감독의 역할이 있다. 선수가 자신만을 위해 경기에 임하면 결코 승리할 수 없다. 감독과 사인이 맞고 협조가 원활하게 이루어질 때 비로소 승리할 수 있다.

따라서 진정한 성공을 이루려면 공존을 위한 목표를 세우려는 자세가 필요하다. 때로는 선수개인와 감독공동체의 작전과 전술이 맞지 않을 수도 있지만 충분한 대화와 협의를 통해 목표를 정해야 한다.

만약 관계론의 합의에 의해 목표가 정해진다면 분명 성취의 날은 앞당겨질 수 있다.

목표 달성 실행법

관계론의 모형은 목표 프로그램으로 나타난다. 따라서 성공하고 싶다면 우선 관계론의 모형을 완성하고 목표를 설정해야 한다. 구체적으로 관계론의 모형을 완성하고 서로의 바람에 부응하는 목표를 설정하면 실현가능성이 훨씬 높아진다.

철없는 어린 아들의 무의식 에너지가 아빠의 사업을 도와줄 수도 있고 아내의 간절한 기도가 남편의 사업을 성공시키는 에너지원으로 작용할 수도 있다. 이처럼 관계론의 모형을 통해 공동체 의식이 하나로 합의될 때 최고의 결과를 얻을 수 있다.

공존을 위한 목표 설정은 그만큼 강력한 에너지를 발산한다. 관계론의 모형이나 목표 설정은 반드시 종이 위에 기록하는 것이 효과적이다. 관계론의 모형과 목표의 설정을 위한 프로그램 실행의 구체적인 방법은 다음과 같다.

첫째, 관계론의 모형을 완성한다. 목표를 성취하기 위해서는 반드시 끊어진 관계론을 회복해야 한다. 관계론의 모형 속에서 인맥을 형성하고 포지션을 정하는 것이 좋다. 그 안에 자신을 위기의 순간에서 구해 줄 멘토와 귀인이 있다는 사실을 기억하라.

둘째, 목표를 설정했다면 주변 사람들과 공유할 수 있는 계획을 세운다. 또한 계획을 할 때는 실행해야 할 모든 목록을 빠짐없이 모두 작성해야 한다. 계획된 것은 반드시 실행하고 실행할 수 있는 것만을 선택한다.

셋째, 실행을 위한 우선순위를 정한다. 그러기 위해 관계론의 모형에 맞는 구체적인 실행 목록들을 정리하고 그에 따른 순서를 정한다. 전쟁에 앞서 동맹국과의 외교 관계를 공고히 하고 물자를 준비하는 것처럼 인맥과 준비물을 챙긴다.

넷째, 인맥과 시간과 돈을 충분히 확보한다. 목표를 성취하고 계획을 실행하는 데 투입할 관계론의 인맥과 시간과 재원을 충분히 확보해야 한다.

다섯째, 매일 목표 성취에 대해 자기 암시를 걸고 계획을 점검하며 수정 보완한다. 새로운 상황에 대비하고 장애물에 걸려 넘어졌을 때 대처하는 전략을 짠다. 계획은 바꿀 일이 없겠지만 혹시 전면 수정하게 되더라도 목표의 성취만은 절대 양보해서는 안 된다.

관계론에 따른 목표 프로그램은 실행력이 강할수록 성공 시기를 앞당길 수 있다. 특히 관계론의 모형이 강화되어 공동체의 전적인 지지와 성원을 얻게 되면 에너지의 흐름이 강해져 좀더 빨리 원하던 목표를 달성할 수 있다.

에너지의 흐름을 강화하는 데는 관계론만큼 든든한 후원자가 없다. 에너지를 약화시키는 두려움, 절망감, 좌절감을 극복하기 위해서는 가족과 친구, 동료, 선후배의 절대적인 지지와 성원이 필요하다.

마인드 파워와
관계의 치유

❀ 많은 사람들이 관계에 깊은 절망을 느끼거나 스스로 한계를 짓는 이유는
자아개념의 각종 나쁜 의식들 때문이다.

관계의 치유를 통해 한계에 도전하라

마인드 파워를 강화시키는 가장 효과적인 방법은 스스로 마음의 평화를 찾는 것이다. 마음이란 에너지의 형태로 스스로 만들거나 누군가와의 관계 속에서 영향을 주고받는 것이다. 마음은 육체와 정신을 관장하는 인체의 에너지 센터로 스스로 혹은 관계 속에서 나타난다.

'마음 가는 곳에 몸이 간다'는 말처럼 에너지 현상으로 마음은 육체와 분리된 것이 아니라 대상과 연결되어 있다. 따라서 마인드 파워를 높이려면 관계론을 통해 마음을 안정시켜야 한다. 주변 사람들과의 불협화음 등으로 갈등이 야기되는 상황이라면 결코 마음의 평화를 찾기가 힘들다. 이때는 가장 먼저 관계의 치유를 통해 자신을 둘러싼 주변 분위기를 바꿔나가야 한다. 한 연구 결과에 따르면 95퍼센트 사람들이 누군가와의 관계 속에서 심리적으로 상처를 받고 마

음의 평정을 잃는다고 한다. 인간은 사회적 동물로 늘 누군가의 관계를 통해 영향을 주고받기 때문이다.

미국의 어느 교도소 재소자를 대상으로 한 연구결과에 따르면 90퍼센트 이상이 성장 과정에서 부모로부터 "너 같은 놈은 결국 교도소에 갈 거야."라는 말을 들은 적이 있다고 한다. 만약 그들이 성장기에 격려의 말이나 자신감을 북돋아주는 칭찬의 말을 들었다면 운명은 달라졌을 것이다.

마음은 가만히 고정되어 있는 것 같아도 실제로는 관계론에 지대한 영향을 받는다. 누군가에게 지속적으로 상처를 받으면 마음속 깊은 곳에 그 상처가 누적되어 한 개인을 부정적 운명으로 이끌어간다. 그렇기 때문에 마인드 파워를 높여 생각과 감정을 잘 다스려야 한다. 마음은 상처를 받으면 두려움에 스스로를 과거의 운명론에 묶으려는 속성이 있다.

운명론은 자신의 과거에 얽힌 고통의 속박을 현실에서도 풀지 못하고 더욱 얽매여가는 것을 의미한다. 그러다 보면 평정심을 잃고 과거의 경험 속에서 운명의 쳇바퀴를 돌며 일생을 살아가야 한다.

과거의 아픈 상처나 기억에서 벗어나지 못하면 그것이 곧 거부할 수 없는 운명이 된다. 관계의 치유가 필요한 것은 바로 이러한 이유 때문이다. 인간의 생각과 감정은 에너지의 작용력이다. 기쁨과 즐거움은 에너지가 바깥으로 발산되는 것이고 슬픔과 분노는 에너지가 안에서 수렴되어 고통이 되는 것이다.

그러므로 누군가에게 받은 상처를 말끔히 없애기 위해서는 반드시 관계의 치유를 통해 마음의 작용력을 높여야 한다. 증오와 분노, 슬

품과 원한은 에너지가 극도로 치우쳐 마음의 평화가 깨진 상태다. 이 경우 감정의 에너지를 치유하는 유일한 방법은 포용과 용서뿐이다.

포용하고 용서하는 것이 말처럼 쉽지는 않겠지만 그래야만 갇혀 있는 에너지를 풀어내고 밝은 에너지를 받아들일 수 있다. 포용은 대상의 잘못이나 허물을 받아들일 수 있는 여유로운 마음으로, 강한 에너지가 없다면 가질 수 없다. 용서는 희랍어로 '자신을 풀어주다', '멀리 놓아주다', '자유롭게 하다'의 의미로 관계의 치유에 가장 핵심적인 치료제라고 할 수 있다. 용서는 화합과 협력을 위한 에너지로 금이 간 관계를 회복하거나 상처를 치유하여 결국 자기 자신을 자유롭게 한다.

포용과 용서의 마음으로 관계를 치유하게 되면 이때 최고의 수혜자는 바로 당신 자신이 된다. 속박에서 스스로 자유로워질 뿐만 아니라 우주 에너지를 받아들임으로써 자연스럽게 상처 입은 마음이 치유된다. 주변을 둘러보면 이 세상의 만물 중에서 그 어느 것도 마음에서 나오지 않는 것이 없다. 모든 것이 마음에 비춰지고 나타난다.

꿈을 현실화하기 위해서는 반드시 마인드 파워를 강화해야 하고, 그렇게 하기 위해서는 자신의 별사주을 확인하여 체질과 에너지 수준을 알아야 하며, 좋은 관계론 모형을 구축해 나가야 한다.

먼저 자신을 사랑하라

관계론에 의한 운명 개발은 자아개념self-concept에서 출발한다. 자아는 몸과 마음을 비롯한 외부 세계의 모든 영역을 아우르는 삶에 대한 믿음이다. 자신이 생각하거나 행동하며 만드는 이미지에 대한 믿음이 자아로 투영된 것이다. 따라서 자아상이 어떤가에 따라 관계에 많은 변화가 생긴다. 바람직한 자아상을 가진 사람과 그렇지 않은 사람의 차이는 엄청나다. 관계론은 에너지의 교류로 나타나기 때문에 그만큼 편차가 크며 다양한 형태로 나눌 수 있다. 이러한 의미에서 자아개념은 3가지 요소로 구분할 수 있다.

첫째, 자아 에너지self-energy다. 자신이 가진 에너지를 최대한 발휘할 수 있는 힘을 말하며 자신의 꿈과 비전을 실행해 줄 원동력을 나타낸다.

둘째, 자아 이미지self-image다. 내면의 거울이라고도 할 수 있으며 사고나 행동과 직접적으로 연관되어 있다. 자아 이미지는 관상의 품격과 더불어 스스로 업그레이드 하려고 노력하면 더 좋은 이미지를 지닐 수 있다.

셋째, 자아가 일으키는 자부심self-esteem이다. 자신의 가치를 스스로 부여할 수 있는 느낌이나 자존감으로 안정된 자아 에너지와 자아 이미지가 좋을 때 최상으로 나타난다. 자신을 사랑하며 신뢰감을 가질 때 상승한다.

이 3가지 자아개념은 서로 결합되어 있지만 이중 가장 중요한 것은 자아에 대한 신뢰감이다. 자신을 사랑하고 신뢰하는 믿음이 운명 개발을 위한 가장 중요한 핵심 요소다. 하지만 자아개념은 지극히 예민하며 쉽게 상처받을 수도 있다. 많은 사람들이 관계에 깊은 절망을 느끼거나 스스로 한계를 짓는 이유는 자아개념의 각종 나쁜 의식들 때문이다.

자아개념을 좀먹는 대표적인 것은 자기부정 의식이다. 즉 열등감, 패배감, 죄책감, 자책감 등이 있다. 이러한 증세가 심화되면 자폐증, 정신분열증, 정신착란증, 우울증, 조울증, 다중인격증후군 등의 정신병을 앓거나 관계론이 파괴될 수 있다.

열등감, 패배감, 죄책감, 자책감 등은 에너지 저하가 나타날 때 생기는 자기부정 의식으로 충분히 스스로 치유할 수 있는 영역이다. 그뿐만 아니라 성장기 혹은 사회생활을 하는 과정에서 누구나 한 번쯤 이런 감정을 느껴 보았을 것이다. 선천적 관계론만 보더라도 부모의 심각한 불화나 형제간 비교에 따른 열등감 등으로 이런 감정을 쉽게 느끼게 된다.

관계론으로 보면 타고난 체질이나 성격, 적성, 에너지 수준이 원인이 되는 경우가 많다. 인간의 의식은 물리적인 행위로 표출되기도 하지만 근본적으로는 인체의 화학 작용이다. 즉 생리적 상태가 심리를 형성하고 정신적으로 나타나는 것이다. 따라서 심한 자기부정 의식을 가졌다면 체질 교정을 통해 문제를 치유해야 한다.

한 사람의 자아개념이 올바른 가치관을 형성하려면 가장 먼저 육체적 혹은 정신적으로 안정을 이루어야 한다. 관계론은 한 사람의 자아개념이 안정될 때 비로소 펼쳐질 수 있다. 믿음은 강한 자기 확신에서 비롯되며 스스로에 대한 사랑과 확신이 강력할 때 좋은 관계론을 형성할 수 있으며 에너지 교류를 통해 최상의 시너지 효과를 이끌어낼 수 있다.

관계론의 마력_
올림픽 14개 금메달의 주인공
펠프스와 선천적 관계론

──────── 미국의 수영선수 마이클 펠프스Michael Phelps는 2004년 아테네 올림픽에서 2008년 베이징 올림픽까지 총 14개의 금메달을 목에 걸었다. 이때 그가 딴 금메달은 모두 세계신기록이었다.

이처럼 놀라운 기적을 만들어낸 그의 사주 관계론을 살펴보면 마치 한편의 드라마 같다. 펠프스의 어린 시절은 부모의 불화라는 엄청난 고통의 연속이었다. 경찰관 아버지와 교사 어머니는 자주 다투고 싸웠다. 선천적 관계론에서 보면 펠프스는 그 안에서 안 좋은 영향을 받았고 정신병의 일종인 '주의력 결핍 과잉행동장애ADHD'라는 병을 앓았다. 이 병의 특징은 한 곳에 집중하지 못하고 정신적 감정 기복이 심하며 정서적으로 심한 불안을 보인다는 점이다.

심각한 불화를 겪던 펠프스의 부모는 결국 이혼을 선택했고 그의 어머니는 남편의 경제적 도움 없이 세 자녀를 키웠다. 부모의 이혼 후 지금까지도 펠프스는 '아버지'라는 단어를 사용하지 않는다고 한다.

어머니는 아들의 심각한 ADHD를 치유하기 위해 펠프스에게 수영을 가르치기 시작했다. 당시 두 명의 누나가 수영 선수로 활동하고 있었기 때문에 자연스럽게 수영을 선택할 수 있었다.

수영을 처음 배울 무렵 펠프스의 물에 대한 공포는 엄청났다. 어머니와 누나가 아무리 설득해도 결코 물에 들어가려고 하지 않았다. 결국 어머니가 아들을 안고 물에 들어갔다 나왔다를 반복하면서 조금씩 물에 적응해 나갔다. 하지만 물에 대한 공포가 극심했던 펠프스는 얼굴을 물에 담그지 않아도 되는 배영부터 배웠다.

펠프스의 선천적 관계론을 살펴보면 비록 아버지와는 악연이었지만 어머니와 두명의 누나와는 길연 관계를 유지했다. 그들을 통해 펠프스는 과잉행동장애아에서 수영 영웅으로 거듭날 수 있었던 사랑 에너지를 얻었다.

보도에 따르면 미국의 부시 대통령, 존 F. 케네디 대통령, 루스벨트 대통령, 영국의 처칠 수상, 음악의 거장 모차르트, 발명왕 에디슨, 아인슈타인, 라이트 형제 등 세계의 역사를 바꿔놓은 위대한 위인들뿐만 아니라 천재 배우 더스틴 호프만, 우피 골드버그도 ADHD를 앓았다고 한다.

위대한 인물들의 선천적 혹은 후천적 관계론을 보면 반드시 그들을 위해 헌신하는 부모나 아내 또는 남편이 있다. 관계론의 관점에서 남성은 '양'이고 여성은 '음'으로 한 남성의 성장에는 음 기운인 여성의 힘이 절대적으로 필요하다. 이런 측면에서 펠프스는 어머니와 두 명의 누나라는 든든한 관계론을 두었기에 오늘날의 성공이 가능했다고 할 수 있다.

펠프스가 성공하기까지는 타고난 신체 조건, 과학적 수영법, 치열한 자신과의 싸움 등 수많은 요인이 있겠지만 그중에서 가장 핵심 요소는 관계론의 작용력이라 할수 있다.

Chapter 06

관계론의
마스터키를 찾아라

●
●
●
●
●

황홀한 마법의 힘
사랑 에너지

❀ 사랑 에너지를 충분히 교류하면 아무리 악운이라도 언제든지 새롭게 출발할 수 있고 성장과 발전을 거듭하여 행복한 삶을 살 수 있다.

사랑 에너지의 6가지 영역

최악의 조건을 타고났지만, 좋은 운세와 운명을 창조해 나가는 사람들이 있다. 이때 혼자만의 피나는 노력으로 자신의 에너지 수준을 높여 나가는 경우도 있지만 대개는 주변 사람들의 사랑 에너지가 성공 에너지, 부자 에너지, 행복 에너지를 끌어오기 때문에 비로소 가능해진다.

흔히 사랑 에너지라고 하면 남녀 간 사랑만을 떠올리기 쉽지만 반드시 그런 것만은 아니다. 인간은 남녀 간의 사랑뿐만 아니라 모든 종류의 사랑 에너지를 흡수함으로써 우주 에너지를 받아들이는 존재다. 이때 사랑은 모든 것을 초월할 수 있는 최고의 에너지원이다.

이것은 관계론에서도 똑같은 작용을 한다. 사랑 에너지야말로 운세나 운명을 변화시키는 핵심 요소라는 사실이 과학적으로 밝혀졌다. 관계론에서 보는 사랑 에너지는 다음과 같이 크게 6가지 영역으로 분류할 수 있으며 사주 관계론의 육친법으로 소개하면 〈그림 6〉과 같다.

1. 일간(남녀 동일 〈본인〉) – 심신과 자아
2. 재성(남성 기준 〈아내〉 남녀 동일 〈아버지〉) – 재물과 재력
3. 관성(여성 기준 〈남편〉, 남성 기준 〈자식〉) – 직업과 권력
4. 인성(남녀 동일 〈어머니〉) – 명예와 학문
5. 비겁(남녀 동일 〈형제, 친구 또는 동료〉) – 경쟁과 협력
6. 식상(여성 기준 〈자식〉) – 활동과 문화

〈그림 6〉 사주 관계론의 육친법

이 6가지 관계 중에서 가장 중요한 사랑 에너지는 '본인일간', 곧 자기 자신이다. 가장 먼저 스스로를 사랑할 수 있어야 남을 사랑할 수 있다. 따라서 무엇보다도 자신을 사랑하는 일을 우선해야 한다. 자신의 사랑이 넘쳐야 그것이 다른 사람에게 흘러들어갈 수 있기 때문이다. 여기서 사랑의 영역은 기본적으로 직업, 학문, 재물, 친구 등 전 분야에 걸쳐 있다. 그러나 이 가운데 가장 중요한 사랑은 인간에 대한 사랑이다.

흔히 남녀 간의 사랑은 최대 3년을 넘지 못한다고 한다. 만약 부부가 10년이 지나도 뜨겁게 사랑한다면 운세의 흐름이나 운명까지 바꿀 수 있다. 결혼 생활 10년이 지났는데도 사랑하는 부부를 보면 거의 예외 없이 좋은 운세와 운명을 만들며 행복하게 살아가는 모습을 볼 수 있다. 이것은 사주학의 원리와 관계론의 원리를 넘어, 보이지 않는 에너지 교류가 있기 때문에 가능할 일이다. 그뿐만 아니라 실제 남녀 간 사랑을 오랫동안 유지하는 사람을 보면 직업이나 학문을 비롯한 외부 활동에 대한 사랑 에너지도 강력하다는 사실을 알 수 있다.

운명도 뛰어넘는 사랑 에너지

사랑은 인체의 모든 에너지를 통합하는 힘을 지니고 있으며 이것은 관계를 가능케 하는 화합 작용을 일으킨다. 따라서 최악의 운세나 운명을 지닌 사람일지라도 사랑 에너지만 충만하다면 언제든지 좌절과 실패에서 성공과 행운으로 변화를 일으킬 수 있다. 이 점은 관계론을 연구하다 보면 어렵지 않게 발견할 수 있다.

반면 이와는 반대로 좋은 사주와 훌륭한 관계론을 가지고 있지만 불운과 가혹한 운명 때문에 고통스러워하는 사례도 있다. 그러므로 좋은 사주를 가지고 태어났다고 자랑하거나 좋은 운세를 찾아다니는 행위는 세상에서 가장 어리석은 일이다.

가곡의 왕 슈베르트와 그의 아내 클라라의 관계론을 살펴보자. 그들은 깊은 사랑 에너지를 교류하며 음악사에 영원히 잊히지 않을 이름을 남긴 부부다. 한때 피아니스트를 꿈꾸던 슈베르트는 손가락 부상으로 심각한 좌절감에 빠져 있었다. 슈베르트가 절망의 수렁에서 일어설 수 있었던 건 스승의 딸인 클라라가 전한 사랑과 격려의 말 때문이었다. 이후 슈베르트는 그녀의 뜨거운 사랑 에너지 덕분에 좌절감에서 벗어나 작곡가로 변신하는 데 성공한다.

그들은 서로 사랑 에너지를 교류하여 운세, 즉 에너지의 흐름을 강화하였기 때문에 불후의 명곡을 작곡할 수 있었고 두 사람의 명곡은 오늘날까지 많은 사람들에게 기쁨을 주고 있다.

흔히 인생의 황금기라고 말하는 20~30대 젊은이의 사랑을 보자. 비록 수많은 시행착오를 거듭하지만 성장과 발전의 동력인 사랑 에너지 덕분에 그들은 실패를 딛고 희망을 향해 달려갈 수 있다. 즉 두려움 없이 가슴을 활짝 열고 뜨거운 열정으로 사랑의 기술을 터득하기 위해 노력하기만 해도 긍정적인 운세와 운명을 끌어당길 수 있는 것이다.

반면 부부 싸움이 잦은 가정이 잘되는 것을 본 적이 있는가? 관계론에서 보면 이런 경우는 부부의 에너지 흐름, 즉 운이 서로 공격을 받아 끊어지면서 혹시 길운을 타고났다고 해도 흉운으로 변하게 된다. 심지어 자식의 에너지 흐름까지 끊게 해 문제아를 만들 수도 있다. 불화, 반목, 싸움은 관계론의 에너지 흐름을 끊으며 악순환을 일으킨다.

심각하게 이혼 상담을 해오는 부부 가운데 운세가 좋은 경우는 결코 찾아볼 수 없다. 그들은 잦은 불화와 싸움으로 운세를 나쁘게 만들어 놓고 막상 헤어질 때는 성격 차이, 경제 문제 때문이라고 주장한다. 결혼 전에 열애에 빠져 양가의 반대를 무릅쓰고 결혼을 감행한 부부들도 별반 다르지 않다. 자신들의 열정이 식고 사랑 에너지가 약화되어 불운이 온 것을 모른다. 그저 부정 암시에 걸려 상대를 탓하기에 바쁘다. 심지어 어떤 부부는 자신들의 사랑 에너지가 약화된 것을 나쁜 궁합 탓으로 돌리며 합리화하기도 한다.

"결혼 전에 궁합이 나쁘다고 했는데, 이제와 생각해 보니 그 말이 맞는 것 같아요."

궁합만으로는 진정한 의미에서 말하는 사주나 사랑 에너지를 판단할 수 없는데도 이와 같이 말한다. 이런 경우에는 충분한 시간을 두고 사랑 에너지를 회복해 나가야 한다. 하지만 아무리 노력해도 서로 에너지가 맞지 않다면 결혼 생활을 계속 유지하면서 괴로워할 이유가 없다. 헤어지고 보다 주도적으로 자기 삶을 개척해 나간다면 훗날 사랑 에너지가 회복되어 더 나은 관계를 맺을 수도 있다.

사랑 에너지를 넉넉히 충전하여 충분히 교류하면 아무리 악운이나 나쁜 운명이라도 언제든지 새롭게 출발할 수 있고 성장과 발전을 거듭하여 행복한 삶을 살 수 있다.

협력과 사교를 위한
3가지 마음 사용법

✤ 행복한 공존을 염두에 두고 주변 사람들과 협력하는 데 힘써라.
너도 살고 나도 사는 원윈 전략을 이끌어낼 때 관계론의 힘은 더욱 빛을 발한다.

사랑 에너지로 경영하라

관계론이 단절되면 에너지가 끊어지기 때문에 소외와 고립이 생겨 능력이 아무리 뛰어난 사람도 불행한 삶을 살게 된다. 그리고 한 번 단절된 에너지는 원망과 분노의 에너지로 변질되어 회복될 수 없는 관계를 만들고 만다.

이런 경우 반드시 관계론을 교정해야 한다. 혹시 분노, 원망, 섭섭함, 서운함 때문에 도저히 돌이킬 수 없을 정도로 상처 입은 관계라도 교정하겠다는 마음만 먹으면 언제든지 문제를 해결할 수 있다. 관계론 교정을 위한 3가지 마음 사용법은 다음과 같다.

첫째, 정중한 태도와 자세를 유지하며 '감칭인사'를 자주 사용한다. 기본적으로 언어는 에너지를 전달하는 도구이기 때문에 이 말을 하는 사람과 듣는 사람 모두에게 긍정의 에너지를 전달한다.

【 1. 감사합니다 2. 칭찬합니다 3. 인정합니다 4. 사랑합니다 】

좋은 관계는 이미 안정되어 있지만 이 관계를 꾸준히 유지하기 위해서 '감칭인사'라는 마음 사용법을 계속 활용할 필요가 있다. 언제나 변함없이 좋은 관계를 유지하기 위해서는 늘 감사하는 마음을 유지해야 하고 칭찬하며 인정해 주도록 한다.

둘째, 나쁜 관계를 해결하기 위한 언어 도구에는 '미용감사'가 있다. 이 말을 사용할 때 유의할 점은 진지한 태도와 자세를 유지해야한다. 왜냐하면 기본적으로 언어는 에너지를 전달하는 도구로 그 말을 하는 사람과 듣는 사람 모두에게 에너지를 전달하기 때문이다.

【 1. 미안합니다 2. 용서하세요 3. 감사합니다 4. 사랑합니다 】

'싫어요', '미워요', '안 돼요' 등 부정적인 마음이나 언어의 사용은 마이너스 에너지를 발생시킨다. 이때 생각만으로도 에너지 손실이 발생할 수 있으므로 단어 사용에 주의해야 한다.

특히 나쁜 관계는 에너지 교류가 단절된 상태이기 때문에 두 사람의 마음속에는 돌이킬 수 없는 상처나 고통이 남게 된다. 따라서 이때 당신이 먼저 미안하다는 사과의 말을 건네는 것이 좋다. 미안하다는 말은 관계의 악화를 일으킨 것에 대한 사과의 표현이다. 만약 사과의 말만으로는 해결할 수 없는 심각한 관계의 단절이 일어났을 때는 그 원인의 기억에 대한 삭제를 위한 용서를 구해야 한다. 이런 2가지 사전 과정을 거친 후에 상대방이 사과를 받아들이고 용서를 해

준다면 그때 감사와 사랑을 표현하라.

셋째, 사랑하는 관계를 유지하기 위한 마음 사용법에는 '존칭신샤' 가 있다. 이를 사용할 때는 진심어린 마음을 담아 '존칭신샤' 를 건네며 편안한 자세를 취하도록 한다.

【 1. 존경합니다 2. 칭찬합니다 3. 신뢰합니다 4. 사랑합니다 】

사랑하는 관계는 정도를 넘지 않는 절제가 동반되어야 하며 상호 간에 존경심이 바탕에 깔려 있어야 한다. 흔하게 하는 '사랑합니다' 라는 말보다 '존경합니다' 라는 말이 앞설 때 서로 일정한 선을 지키며 관계를 유지할 수 있다.

'칭찬은 고래도 춤추게 한다'는 말처럼 다른 사람의 장점을 찾아 칭찬의 말을 건넨다면 자연스럽게 신뢰가 싹트게 될 것이다. 사랑은 시작하는 것보다 관계를 유지해 나가는 것이 훨씬 중요하다. 잘못된 관계의 교정을 위해서는 3가지 마음 사용법을 적절히 활용하는 것만으로도 엄청난 효과를 얻을 수 있다.

따뜻한 마음이 성공을 부른다

따뜻한 마음은 머리보다는 가슴으로 상대를 편안하게 만드는 힘이 있다. 그리고 관계론의 힘Force은 주변 사람들을 끌어 모으는 힘으로 한 사람의 에너지를 최고로 강화하는 하나의 방법이다.

유명한 정치인들을 살펴보자. 그들의 관계론의 힘은 인기가 올라가면 갈수록 강력해진다. 대중적 지지와 인기를 통해 강화된 관계론의 힘은 많은 사람들이 내뿜는 에너지를 수용함으로써 더욱 강화된다. 이때 중요한 것은 관계론의 힘이 타고나는 것보다 후천적으로 만들어 가는 경우가 많다는 사실이다.

따라서 보통 사람들도 원한다면 얼마든지 관계론의 힘을 만들 수 있다. 자신만의 꿈과 희망을 소중하게 간직하고 그 꿈과 희망을 위해 에너지를 모을 때 주변 사람들을 이끌어갈 수 있는 관계론의 힘이 저절로 형성된다. 관계론에서 가장 중요한 것은 자신이 속한 분야에서 실력을 쌓고 지식, 덕망, 체력을 향상시키면서 인간적으로 성숙해 가는 과정이다.

관계론의 힘을 강화하기 위해 필요한 지식, 덕망, 체력 3가지 에너지 중에서 가장 중요한 것은 덕망 에너지다. 덕망 에너지는 인간적인 성숙 속에서 나오는 것이기 때문에 관계론의 힘을 얻고자 한다면 저 덕망 에너지를 쌓는 데 아낌없이 투자하라.

실력이 출중한데도 주변 사람을 아우를 수 있는 덕망 에너지가 부족하여 기회를 놓치는 사람들이 있다. 덕망 에너지가 강해야 관계론의 힘이 자연스럽게 형성된다.

실력이 출중하면서도 덕망 에너지가 부족하면 어떨까? 관계론의 힘이라는 관점에서 보면 '오만'과 '오기'만 느껴질 뿐이다. 기본적으로 모든 사람들은 에너지의 상호 교류를 원하기 때문에 아무리 실력이 뛰어나도 덕망 에너지가 없으면 인연의 끈이 약해지고 관계론이 잘 형성되지 않아 자연히 힘을 발휘할 수 없게 된다.

우리나라 벤처 산업에서 뛰어난 실력을 발휘했던 J사장의 경우가 그러하다. 그는 창업을 하기 전부터 그 분야의 뛰어난 실력자였으며 후배들의 존경을 받는 선배였다. 직장 내에서 승승장구했고 자신감에 차 있었으며 언제나 카리스마 넘쳤다. 그러나 이상하게도 창업을 한 후에는 관계론의 힘이 갑자기 떨어지기 시작했다. 이유가 뭘까? 회사 전체를 아우르는 덕망 에너지가 부족했기 때문이다.

창업 초기에는 직장생활을 할 때와 마찬가지로 뛰어난 사업 수완을 발휘하였지만 얼마 지나지 않아 문제가 발생했다. 탁월한 능력은 있었지만 덕망 에너지가 부족했기 때문에 기껏 투자한 직원들이 실력을 갖추면 하나같이 그의 곁을 떠났다. 그에게서 혹독한 수업을 받으며 실무 능력을 쌓은 직원의 주가는 급상승했다. 하지만 그의 곁에 머물지 않았다. 직장생활을 할 때의 능력 발휘와 사장으로서 발휘하는 리더십은 다르다.

관계론의 힘은 이런 것이다. 인간적인 성숙과 덕망이라는 요소를 통해 다른 사람들의 힘을 끌어내는 힘이 가미될 때 비로소 빛을 발한다. 만약 관계론의 힘을 강화하고 싶다면 덕을 쌓고 관계 개선을 위해 힘써야 한다.

그러기 위해서는 행복한 공존을 염두에 두고 주변 사람들과 협력하는 데 아낌없이 투자해야 한다. 너도 살고 나도 사는 '윈윈 전략'을 이끌어낼 때 관계론의 힘은 더욱 빛을 발한다.

리더십과 조직의 힘

※ 운세를 좋게 만들고 팀 분위기를 최고로 끌어올리는 데 시간과 노력을 아끼지 마라. 똑같은 시간과 비용을 투자하고도 상대방보다 더 나은 성과를 올릴 수 있는 방법은 팀 분위기에 달려 있다.

박지성처럼 뛰고 히딩크처럼 감독하라

2002년 한국 월드컵 대표팀을 진두지휘했던 히딩크 감독의 힘은 눈부셨다. 당시만 해도 무명에 가깝던 박지성, 이영표, 이을용을 일약 스타로 만들었고 황선홍, 홍명보, 이운재의 가치를 재확인시켰으며 마침내 월드컵 4강 신화를 일궈냈다.

한 사람의 몸값만으로도 우리나라 선수 전체의 몸값을 능가하는 세계적인 선수들과 겨루어 당당히 월드컵 4강 신화를 이루어낼 수 있었던 비결은 무엇일까? 여러 가지 요인이 있겠지만 가장 대표적인 것을 꼽으라고 한다면 조직력을 들 수 있다.

조직력은 모든 에너지를 팀 중심으로 발휘하지만 그 혜택은 개인에게 돌아간다. 전체의 관점에서는 여러 사람의 에너지지만 개인의 관점에서는 자신의 에너지를 중심으로 형성된다.

모든 사람은 각자 자신만의 독특한 에너지로 색깔이 있고 각자의 색깔이 모여서 조화와 균형을 이룬다. 개개인의 영역을 인정해 주지만 동시에 그들은 조직이 원만하게 유지되도록 노력해야 한다. 결국 어떤 팀이든 자신을 중심으로 조직을 구성해야 하기 때문에 팀플레이에서 자신의 역할에 최선을 다해야 한다.

이러한 사실을 관계론에 비추어 살펴보면 팀장으로서 감독은 조직력을 고려하여 팀에서 뛰게 될 선수를 선정해야 한다. 효과적이고 원만한 관계론 모형 구축은 그 조직의 존폐 여부가 달려 있다고 할 만큼 너무나 중요한 사항이다. 어려울 때 힘이 되어 줄 귀인을 찾아내는 것도 중요하지만 그에 못지않게 관계론의 모형 속에서 적절한 인재를 키워내는 능력도 필요하다.

팀을 구성할 때 멘토, 귀인, 동료 등을 적절한 자리에 잘 배치하게 되면 흔히 "인복이 있다."는 말을 듣게 된다. 반대로 "나는 인복이 없다."라고 말하는 사람은 팀의 구성과 배치와 관리에 실패한 경우라 하겠다.

선수를 발굴하여 열심히 공들여 키운 후에 관리를 잘하지 못해 배신을 당하거나 중요한 순간에 아무런 도움을 받지 못할 때 이런 말을 듣게 된다. 인복은 우연히 결정되는 것이 아니라 스스로 만들어 가야 한다.

스스로 인복이 없다고 한탄하는 사람을 보면 실제 인복이 없는 것이 아니라 '선수 관리 능력'이 부족하고 조직을 이끌어갈 리더십이 부족한 경우가 대부분이다. 실제 관계론을 중심으로 최고의 팀 구성원을 선정하기 위해서는 선수 배양 능력이 있어야 하고 탁월한 리더십이 필요하다. 관계론에서 팀 모형은 다음 3가지 형태로 분류할 수 있다.

첫째, 선천적 관계론으로 부모형제다. 선천적 관계론은 인간이 스스로 정할 수 있는 것이 아니다. 만약 당신이 한 집안의 자녀라면 좋은 관계론 형성을 위해 최선을 다해야 한다.

한 가정에서 아버지와 어머니 사이는 좋지 않지만 자녀로 인해 집안 분위기가 밝고 활발해질 수도 있다. 팀 분위기를 구성하는 자녀 중 단 한 사람이라도 뛰어난 선수로 성장하면 가정의 분위기는 금방 달라질 수 있다.

S씨의 집안 분위기는 늘 어두웠다. 그런데 자녀 가운데 딸이 사법고시에 합격한 이후 팀 분위기Team work는 180도 달라졌다. 선천적 관계론에서 긍정적인 팀 분위기는 부모의 역할도 중요하지만 자녀들이 선수로 활약하는 시기이기 때문에 각자 자신이 맡은 역할에서 최선을 다해야 한다. 부모는 감독, 자식은 선수로 성실하게 임했을 때 훌륭한 팀을 유지할 수 있다.

둘째, 후천적 관계론이다. 감독으로서 자신의 역할을 완수해야 하기 때문에 자신의 자질을 적극적으로 발휘해야 한다. 후천적 관계론은 대개의 경우 선천적 관계론에서 얼마나 선수로서 잘 키워졌는가에 따라 극명하게 달라진다.

셋째, 사회적 관계론이다. 사회 초년병 시절에는 선수로 뛰다가 시간이 흘러 많은 경험과 노하우가 쌓이게 되면서 리더가 되는 시기다. 성장기의 교육과 결혼 이후 생활이 결합된 에너지가 사회적 관계론을 구성한다. 인생이란 무대에서 사회적 관계론이야말로 가장 강력한 영향력을 행사한다.

조직력은 3가지 관계론 모형에 따라 다르게 나타난다. 대개 팀을 잘 선정하는 사람들을 보면 선천적 관계론과 후천적 관계론이 상당히 좋다. 이런 선수들이 보통은 훌륭한 선수로 성장하고 이후 좋은 감독으로서 자질도 뛰어난다. 또한 감독으로서 제 역할을 해야 할 결정적인 순간에 좋은 선수를 선정해서 발전해 나갈 수 있다.

함께 꿈꾸면 꿈은 현실이 된다

관계론을 보면 팀 분위기는 제각기 다르게 나타난다. 기본적으로 부모형제의 관계론 속에서 자신의 포지션이 좋고 후천적 관계론으로 훌륭한 배우자를 만났을 때 가정에서도 사회에서도 팀 분위가 좋게 나타난다.

반면 불행한 삶을 사는 사람들의 팀 분위기는 그 역시 어둡고 칙칙하다. 부정 의식과 좌절감으로 점철되다 보면 긍정의 힘을 찾을 수가 없다. 그들은 대개 관계론의 상처를 안고 있고 과거에 얽매여 있다.

아무리 부모와의 관계론에서 무능한 아들로 나와 있고 아내와의 관계론에서 병약한 남편의 포지션이라고 해도 사랑과 화합의 에너지가 강하면 상황은 언제든지 반전될 수 있다. 이 경우 조직의 에너지가 강하기 때문에 혹시 운세가 좋지 않더라도 그 순간을 쉽게 극복할 수 있고 좋은 운세일 때는 남들보다 빨리 성공하게 된다.

타고난 체질과 에너지 수준에 따른 차이는 있을지 모르지만 무엇보다 조직 전체를 위해 최선을 다하는 자세가 중요하다.

운세를 좋게 만들어 운명을 창조하는 원리 중 가장 핵심은 조직력이다. 개인이 지닌 에너지는 매우 강력한 것이기 때문에 개별적 운세가 아무리 나빠도 팀 분위기가 좋으면 운세는 좋아질 수 있다.

따라서 운세를 좋게 만들고 팀 분위기를 최고로 끌어올리는 데 시간과 노력을 아끼지 마라. 똑같은 시간과 비용을 투자하고도 상대방보다 더 나은 성과를 올릴 수 있는 방법은 팀 분위기에 달려 있다.

운명을 변화시킬
귀인을 만들어라

✤ 관계론에서 귀인의 존재는 야구로 치면 구원투수의 역할과 같다. 운명을
변화시키고 싶은가? 그럼 지금부터 당신이 먼저 누군가의 귀인이 되어라.

관계론의 키워드, 귀인

'뿌린 대로 거두리라.'

《성경》의 한 구절인 이 말은 관계론의 '귀인 배양론'에도 그대로
적용할 수 있다. 농부가 농사를 짓듯 자신의 에너지를 타인에게 나눠
주며 꾸준히 관리할 때 에너지가 되돌아오는 현상이 귀인이다. 즉
자신의 보이지 않는 에너지 흐름이 인연의 법칙으로 자신을 도와주
는 만남이 나타날 때 귀인이 된다. 귀인은 한 사람의 인생의 굴곡을
펴주거나 벼랑 끝에서 손을 잡아주는 것과 같은 소중한 인연을 말
한다.

악연은 귀인과 반대 개념으로 나쁜 에너지를 주는 만남을 말한다.
주변에 악연이 많으면 자연스럽게 불운이 따라온다. 그래서 악연의
끈을 놓지 않으면 그 순간부터 삶이 힘들어진다. 악연은 부정적 암시

와 행위를 지속적으로 보냄으로써 자신을 힘들게 하기 때문에 반드시 단절해야 한다.

관계론의 원리로 보면 좋은 인연을 만들어 가는 것도 좋지만 악연을 피하는 것이 무엇보다 중요하다. 관계론의 관점에서 지독한 악연은 교화하기가 힘들다. 악연을 교화하는 에너지는 좋은 인연을 만드는 데 필요한 에너지가 최소 3배 이상 발휘되어야 가능하다.

남을 돕는 것도 자기 에너지가 강할 때 가능하다. 에너지가 약할 때는 함께 공멸할 수 있다는 사실을 기억하라!

스포츠 경기에서 보면 당일 컨디션이 좋지 않은 선수를 과감하게 강판하듯 관계론에서도 동일한 원리가 작용한다. 실수를 연발하는 선수 한 명 때문에 팀 전체 사기가 떨어지고 게임을 망칠 수도 있다. 팀플레이를 위해 때로는 과감하게 선수를 방출하고 새로운 선수를 영입하는 지혜가 필요할 때도 있다.

따라서 관계론 모형을 구축할 때는 관계론의 원리를 엄격하게 적용하는 것이 좋다. 인정에 얽매여 어울리다가 뒤늦게 후회하는 것만큼 어리석은 일도 없다.

관계론의 구성은 인연의 법칙에 따라 이루어지는데, 길연은 좋은 에너지 흐름을 나타내고 악연은 나쁜 에너지 흐름을 주도하기도 한다. 에너지의 흐름은 길연과 악연으로 나타나기 때문에 당연히 최선을 다해 선택해야 한다.

길연은 귀인으로, 서로에게 에너지를 충전시켜 주며 도움을 준다. 하지만 악연은 에너지를 소모시키기 때문에 특별한 이유가 없는 한 정리해야 한다. 교통정리가 잘되어야 차량의 흐름이 원활해지고 시간을 단축하게 되는 원리와 같다.

이것보다 더 중요한 이유는 진정한 귀인을 찾기 위해서다. 인연의 법칙으로 보면 길연과 악연이 있고 귀인이 있다. 그런데 길연과 악연이 한 곳에 섞여 있으면 귀인을 찾기가 힘들다. 악연이지만 특별한 상황이 발생하지 않는 한 별다른 표시가 나지 않는 경우가 많기 때문이다.

친구에게 보증을 서주었거나 형제 간에 돈거래를 했다고 가정해보자. 이 경우 대부분 길연이 악연이 되어 엄청난 고통을 당할 수도 있다. 물론 길연과 악연의 경계가 분명하지 않을 경우 둘 사이를 정확하게 구분 짓기란 쉽지 않다. 하지만 인간은 대체로 길연과 악연을 본능적으로 느낄 수 있다. 만약 악연이라고 판단된다면 절대 인정에 얽매여서는 안 된다.

이 점은 관계론을 이야기하지 않아도 다 아는 내용일 것이다. 하지만 문제는 적극적으로 인연의 법칙을 정리하지 않으면 결정적 순간에 귀인을 만나기가 쉽지 않다는 사실이다. 귀인은 스스로 누군가에게 귀인이 될 만한 에너지의 파장을 가지고 있지 않으면 절대로 나타나지 않는다.

귀인을 잘 만나는 사람을 살펴보면 평소 관계론의 모형을 잘 구축하고 그들에게 나눔과 사랑을 실천했다. 일방적으로 주기만 하거나 또 받기만 하는 관계가 아니라 기브 앤드 테이크Give and Take와 상호 간 교류의 폭이 넓어질 때 귀인은 자연스럽게 나타난다.

생각 에너지가 우주에 영향을 미친다

그렇다면 어떻게 귀인을 찾을 것인가? 귀인을 만나기 위해서는 먼저 에너지가 맑고 순수해야 한다. 어둡고 탁한 에너지를 가지고 있으면 평생을 살아도 귀인을 만나기가 힘들다. 자신의 에너지를 맑고 순수하게 유지하고 싶다면 다음에서 소개하는 6가지 귀인 배양 법칙을 실천해 보자.

첫째, 사랑과 감사의 말을 자주 표현하라. 귀인은 사랑 에너지를 통해 소통되고 감사의 표현을 통해 끌어당길 수 있다.

둘째, 상대방을 용서하고 상대방에게 용서를 구하는 데 인색하지 마라. 용서하는 마음은 상대방을 향한 자신의 부정 의식을 없앰으로써 에너지를 정화시켜 주고 용서를 구하는 것은 마음속에 있는 상대방의 자기 부정 에너지를 정화시켜 준다.

셋째, 머리로 계산하는 것보다 가슴으로 먼저 베풀어라. 귀인은 상대에게 먼저 귀인이 되어줌으로써 자연스럽게 끌어당길 수 있다. 자신만 덕을 보려고 귀인을 찾는 것은 좋은 결과를 가져올 수 없다. 마음으로 먼저 베풀면 귀인은 저절로 끌려온다.

넷째, 부정 의식과 투쟁 의식을 없애라. 귀인은 부정적이거나 투쟁적인 사람에게는 절대로 찾아오지 않는다. 따라서 언제 어느 순간에 다가올지도 모를 귀인을 위해 순수하고 맑은 마음을 유지하도록 노력하라.

다섯째, 이성보다는 감성 지수를 높여라. 귀인을 만나려면 이성적으로 분석하거나 논리적으로 따지기보다는 한없이 베풀며 인간적인 향기를 뿜는 것이 좋다. 감성 지수가 높으면 상대방에게 신뢰감을 주기 쉽기 때문에 귀인은 저절로 찾아오게 된다.

여섯째, 귀인이 찾아올 수 있도록 인연 있는 사람을 소중히 여겨라. 인연의 법칙 안에서 귀인이 정해진다. 인연이 전혀 없는 사람이 귀인이 될 수는 없다. 귀인은 이미 아는 사람이거나 아는 사람의 소개로 나타난다. 현실적인 작은 이익을 우선시 하는 사람은 평생을 살아도 진정한 귀인을 만나기 어렵다. 반면 자신의 인연을 소중히 여기고 가꾸며 관리하는 사람에게 귀인은 흔한 손님이다.

이 6가지 귀인 배양 법칙에 따라 귀인을 만드는 것은 마치 엄청난 행운을 준비하는 것과 같다. 로또 복권에 당첨되기란 확률적으로 쉽지 않지만 귀인은 작은 노력과 진실한 마음만으로도 엄청난 행운을 가져다주고 운명을 변화시킨다.

'단독 귀인'은 일방적으로 도움을 받는 관계이고 '상호 귀인'은 서로 도움을 주고받는 관계다. 어느 쪽이든 귀인은 반드시 인연의 법칙에 따라 만나게 된다. 단독 귀인을 만나서 지속적인 관계론을 맺을 경우 상대방에 대한 의존성이 생길 수 있고 자아의 정체성이 약화될 우려가 있다. 반면 상호 귀인은 서로 도움을 주고받는 상호 윈윈 관계이기 때문에 서로의 성장과 발전에 도움이 된다. 그러나 어느 쪽이든 귀인은 반드시 인연의 법칙에 따라 만나게 된다.

나는 고등학교 졸업 후 대학교에 입학했지만 등록금을 제때 내지 못해 제적을 당한 적이 있다. 그 당시 나는 친형에게 어렵게 도움을 청했지만 끝내 거절당했다. 피를 나눈 형제이기에 도움을 줄 거라고 철석같이 믿었는데 막상 거절당하자 엄청난 충격을 받았다. 결국 나는 등록금을 내지 못해 2년 간 제적 상태로 있었다.

이 사건을 계기로 나는 귀인은 자신의 기대와 믿음과는 별개의 것이라는 사실과 인생에서 귀인이 얼마나 소중한 존재인지를 깨달을 수 있었다. 귀인은 특별한 사람이 아니다. 스스로가 상대방에게 귀인이라면 그가 당신의 귀인이 되는 것이다.

대학교에서 제적을 당한 후 나는 13년 만에 가까스로 대학을 졸업할 수 있었다. 귀인의 도움 덕분이었다. 대학교를 졸업하고 석사, 박사 과정을 계속하며 학위 취득을 할 수 있었던 것도 귀인의 도움이 없었다면 불가능했을 것이다.

관계론에서 귀인의 존재는 야구로 치면 구원투수의 역할과 같다. 당신도 당신의 운명을 변화시키고 싶은가? 그렇다면 지금부터 당신이 먼저 누군가의 귀인이 되어라!

팀워크를 살리는
관계론의 비밀

✤ 최악의 선천적 관계론이라고 해도 실망하지 마라. 스스로 에너지를 강화하여 성장한 후에 후천적 관계론에서 훌륭한 배우자를 만나면 새롭게 선천적 관계론을 만들 수도 있다.

가정의 팀워크는 관계론의 기초다

팀워크Team work, 즉 조직의 분위기는 가정에서부터 비롯된다. 왜냐하면 가정의 팀워크가 원만해야 공적인 팀워크도 살아나기 때문이다. 만약 당신의 에너지 수준이 떨어졌다고 판단되면 가정 내 팀워크를 점검하고 그에 따라 구조 조정을 단행하라!

전통적으로 선천적 팀워크는 한 가문을 중심으로 한 관혼상제에 의한 가정의례로 이루어졌다. 가장 일반적인 의례는 제사 의식 때 이루어지는데 보통은 사촌에서 팔촌까지 모여 팀워크를 했다.

실제 조선시대에는 사촌에서 팔촌까지 팀을 이루었기 때문에 그 구성원 중 한 명이라도 반역죄를 저지르면 삼족을 멸하는 연좌제가 있었다. 오늘날은 핵가족화가 가속화되면서 팀의 범위가 부모형제 중심으로 축소되었다.

팀워크가 이루어지기 위한 조건은 공동체 의식을 가지는 데서 시작된다. 개별적인 삶이 가족이라는 단위로 공동체가 형성되면서 팀워크가 발생하게 된다. 그러다 보면 자연히 팀 자체의 독특한 에너지 가풍가 일어나기 때문에 가정의 팀워크는 관계론의 초석이 된다. 따라서 자신의 에너지 수준을 높여 가정의 팀워크를 건강하게 유지하는 것이 중요하다.

만약 현재 선천적 관계론에 빨간불이 켜져 있다면 관계 개선을 위해 좀더 적극적으로 노력하라. 예를 들면 가족행사 참여는 물론 평소 가족 간 지속적인 대화를 통해 점차적으로 관계를 개선해 나가야 한다. 만약 가족 관계가 나빠져 공동체 의식에서 소외되거나 격리 되면 심각한 에너지 장애를 유발할 수 있다.

한 가족이면서도 마치 타인처럼 살고 있다면 이미 에너지 장애가 생긴 것이다. 예를 들면 명문대를 졸업한 아버지가 자신과 비교하여 어린 아들의 성적 부진을 나무란다면 아들은 치명적인 에너지 손상을 받게 된다. 의기소침해하는 것은 물론, 부정적 암시에 걸려 극심한 좌절감과 패배감을 느낄 수도 있다.

이런 경우 엄청난 관계 교정 노력이 필요하지만 부자 간에 소통이 안 된다면 아들을 일찍 독립시키는 것도 한 방법이다. 왜냐하면 아버지와 아들 사이가 좋지 않을 경우 두 사람 모두 치명적인 에너지 손상을 받을 수 있기 때문이다. 그뿐만 아니라 후천적 관계론에서 실패할 가능성 또한 높아진다.

일반적으로 선천적 관계론은 후천적 관계론의 모태가 된다. 예를 들어 지나치게 가부장적인 집에서 불화를 겪으며 성장한 아들이 결혼할 경우, 그 심리적 상처를 이어받아 후천적 관계론을 악화시키는 것이다. 이는 곧 환경적으로 학습된 무의식이 마음속에 내재되어 있기 때문이다. 만약 선천적 관계론이 최악인 경우에는 어떻게 해야 할까? 이때는 개인의 에너지 수준을 강화하여 후천적 관계론을 극복해야 한다.

예를 들어 무능한 술주정뱅이 아버지를 보고 자란 아들이 성공하는 경우이다. 이때 어머니의 역할이 절대적으로 중요하다. 아들을 향한 어머니의 강렬한 에너지가 무능한 술주정뱅이 아버지가 발산하는 나쁜 영향을 막아내고 긍정의 에너지를 심어 준다. 선천적 관계론에서 어머니는 지대한 영향력을 발휘하는 인물이다.

또 다른 경우 선천적 관계론에서 어머니와 딸 사이가 좋지 않아 자주 싸운다면 문제는 조금 더 심각해진다. 딸이 병약하고 자기 고집이 강한 경우 아버지의 중재가 쉽지 않기 때문이다. 이때 대부분의 딸들은 후천적 관계를 잘못 선택할 가능성이 높다.

따라서 모든 아버지는 딸의 에너지가 잘 보호받을 수 있도록 많은 노력을 기울여야 한다. 그럴 때 비로소 딸은 후천적 관계론에서 좋은 남편을 만나 새로운 에너지의 교류를 할 수 있게 된다.

선천적 관계론의 한계를 극복한 빌 클린턴

선천적 관계론이 나쁜 경우 개인이 자신의 에너지를 스스로 강화하여 극복하는 경우도 있다. 그 대표적인 사례가 최악의 가정환경을 극복하고 미국을 최고의 경제 번영기로 이끈 빌 클린턴 전 대통령이다.

클린턴은 개인적으로는 별다른 수식어가 필요 없을 정도로 좋은 조건을 가지고 있지만 그의 선천적 관계론을 살펴보면 이야기가 달라진다. 클린턴은 유복자로 태어났다. 즉 그가 태어나기 석 달 전 아버지가 불의의 교통사고로 사망한 것이다. 어머니 버지니아 켈리는 출산 직후 친정아버지에게 클린턴을 맡기고 간호사 자격증을 따기 위해 뉴올리언스로 떠났다. 외할아버지는 흑인 밀집 지역에서 과일 장사를 하며 어렵게 클린턴을 키웠다.

이후 클린턴은 재혼한 엄마와 알코올 중독자인 새 아버지와 함께 살았다. 그의 성장기는 무책임하고 미성숙한 부모로 인한 혼란 그 자체였다. 소위 '콩가루 집안'에서 자란 클린턴은 해체 직전의 가정을 구하기 위해 몸부림치며 힘든 청소년기를 보냈다.

당시 클린턴은 집안의 유일한 희망이자 영웅이었다. 하지만 그의 내면에는 문제 많은 집안에서 벗어나 세상의 최고가 되고자 하는 욕구가 강했다. 그는 끊임없는 자기 성취를 통해 비어 있던 아버지의 자리를 대신하여 집안을 일으키고 가정 내 평화와 안정을 이루고자 노력했다.

고등학교 졸업반 시절 클린턴은 우수 학생으로 선발되어 백악관에 초대되었고 그때 그는 당시 미국 대통령이던 존 F. 케네디를 만날 수 있었다. 그곳에서 클린턴은 자신도 언젠가는 백악관의 주인이 될 것이라고 다짐한다. 자신의 성공만을 위해서가 아니라 가족 공동체를 위해 큰 꿈을 꾼 것이다.

클린턴은 자신의 꿈을 이루기 위해 예일대 법대 대학원에 진학해 법학 박사학위를 받았다. 그러던 중 중상층의 안정된 환경에서 자란 똑똑하고 당당한 힐러리 여사를 만나 결혼에 성공한다. 이처럼 클린턴은 자신의 에너지 수준을 강화했기 때문에 후천적 관계론을 잘 맺을 수 있었다. 그 후 클린턴은 정치에 입문해 주지사를 네 차례나 연임하고, 드디어 대통령이 되었다.

미국의 역대 대통령 중 클린턴은 부인의 내조에 대한 화제를 같이 몰고 다닌 인물이다. 실제 후천적 관계론에서 볼 때 힐러리 클린턴은 최고의 내조자이자 참모로 막중한 역할을 했다.

힐러리 클린턴의 저력은 객관적으로 증명되었다. 그녀는 민주당 대통령 후보로, 버락 오바마 후보와 박빙의 승부를 펼친 것으로도 유명하다. 또한 대통령 후보 선거에 패배하고도 버락 오바마 정부의 국무장관에 내정된 사실만 보더라도 그녀의 에너지 수준을 가늠할 수 있다.

클린턴의 사례에서 보듯 최악의 선천적 관계론이라고 해도 실망할 필요 없다. 자신의 에너지 수준을 강화한 후에 후천적 관계론에서 훌륭한 배우자를 만나면 언제든지 새롭게 훌륭한 선천적 관계론을 구축할 수 있다.

선택과 집중_
후천적 관계론은 인생의 승부처다

──────── 후천적 관계론은 한 인간이 홀로 심사숙고해서 선택한 결과다. 선천적 관계론인 부모형제로부터 완전히 독립한 다음 인륜지대사인 결혼을 통해 사회의 구성원으로 자리매김함과 동시에 후천적 관계론이 시작되기 때문이다.

후천적 관계론에서 배우자의 선택은 인생을 통틀어 50퍼센트의 비율을 차지할 만큼 절대적으로 중요하다. 선천적 관계론과 사회적 관계론은 그 나머지 50퍼센트를 세분할 뿐이다. 이렇게 보면 배우자는 자신의 대주주임과 동시에 동업자이고 역할에 따라 감독이 되거나 대표선수가 될 수도 있다.

배우자의 선택이 절대적으로 중요한 이유는 인생의 승부처라고 할 수 있는 에너지의 충전이 부부관계에서 결정되기 때문이다. 선천적 관계론인 부모형제를 잘 만나거나 사회적 관계론이 좋다고 해도 부부의 관계론에 비할 바가 못 된다.

축복 받고 결혼한 사람들이라고 해서 모두 행복한 것은 아니며 경제적으로 힘든 결혼생활을 해도 사랑과 행복이 충만한 부부가 있다. 앞서 여러 차례 언급했듯이 부부 관계가 사랑으로 충만해 있으면 불운마저 감히 침범하지 못한다.

하루 10시간 이상 회사에서 일을 하고도 퇴근 후 허름한 창고에서 무엇인가를 열심히 연구하는 사람이 있었다. 이 모습을 지켜보던 아버지는 어느 날 창고를 헐어버리겠다고 으름장을 놓았고 주변 사람들조차 그를 비웃었다. 그러나 오직 한 사람, 그의 아내만이 그에게 용기를 북돋아 주었다.

"당신은 할 수 있어요. 꼭 성공할 거예요."

아내는 남편을 격려하며 그의 곁에서 용기를 주었다. 더운 여름에는 부채질을 해 주고 추운 겨울에는 얼어붙은 남편의 손을 입김으로 녹여 주면서 곁을 지켰다. 이런 생활이 오랫동안 지속되었지만 아내의 태도에는 변함이 없었다.

그러던 어느 날 남편이 갑자기 큰 소리로 환호성을 질렀다.

"여보! 드디어 성공했어."

남편의 말에 두 사람은 서로를 껴안고 기쁨의 눈물을 흘렸다. 그 다음날 그를 비웃던 동네 사람들은 생전 보지도 듣지도 못했던 네 발로 달리는 자동차를 구경할 수 있었다. 그가 바로 자동차 왕이자 포드 자동차 회사의 창업주인 헨리 포드다.

헨리 포드가 성공가도를 달릴 때 기자가 그에게 물었다.

"다시 태어난다면 무슨 일을 하시겠습니까?"

이 질문에 그는 조금의 망설임도 없이 다음과 같이 대답했다.

"사랑하는 아내와 함께라면 어떠한 환경에서 무슨 일을 해도 좋습니다."

실제 그는 꿈을 꾸는 사람이었고 그의 아내는 기도하는 사람이었다. 두 사람은 서로 신뢰하고 깊은 사랑의 에너지로 교류했기 때문에 불가능할 것만 같았던 꿈을 이룰 수 있었다.

후천적 관계론인 부부 인연은 그만큼 중요하다. 부부의 인연을 선택할 때 단순히 집안의 배경이 좋거나 직업적 비전 또는 외모가 훌륭하다고 결정해서는 안 된다. 후천적 관계론은 선천적 관계론뿐만 아니라 사회적 관계론에까지 지대한 영향을 미치기 때문이다.

한 연구 조사에 의하면 세계 100대 재벌의 대부분은 조강지처의 보이지 않는 내조가 있었다고 한다. 이와 반대로 결혼 이후 부부 관계가 훼손된 경우도 적지 않게 찾을 수 있다. 결혼 후 부모형제와 멀어진 경우나 아내의 심한 바가지 혹은 남편의 심한 통제 때문에 엄청난 스트레스를 받고 사회적 관계론까지 흐트러진 부부를 주변에서 쉽게 발견할 수 있다.

묵묵히 배우자의 곁을 지키며 힘든 상황에서 격려의 말을 건넬 용기가 있다면 새로운 운명 개발도 자연스럽게 이루어질 것이다. 운명 개발의 절반 이상은 사랑의 에너지가 충만할 때 이루어지기 때문이다.

Chapter 07

행운을 끌어당기는
액션플랜

·
·
·
·
·

행운을 끌어당기고 불운을 피하는 법

운명 개발의 선행 조건, 에너지를 정화하라

기억의 삭제와 새로운 운명의 탄생

행운을 끌어당기고 불운을 피하는 법

❊ 나는 인생 상담하는 것을 좋아한다. 그리고 다른 사람들을 돕는 것을
즐긴다. 이것은 수익을 주고도 결코 얻을 수 없는 즐거움을 준다.

원리로 풀어 보는 4가지 성공 법칙

운명Fortune에서 행운과 불운은 양과 음의 극한적 대립 구조로 양
분되어 있다. 불운은 화禍를 통해서 나타나고 행운은 복福을 통해서
나타나며 그로 인해 운명이 결정된다.

인간의 행복이란 무엇일까? 한 인간이 행복하게 살았다는 것은 가
능하면 화는 피하고 복은 많이 받으며 편안하게 살았다는 말로 이해
할 수 있다. 복은 맑고 순수한 선 에너지를 지닐 때 일어나는 현상이
다. 선에너지는 절제와 선행을 함으로써 복을 짓게 한다.

한자로 '복福' 자를 설문해자說文解字에서 찾아보면 그 원리를 유추
할 수 있다.

첫째, 볼 시示는 '보이다', '가르치다', '알리다'는 뜻으로 지식
과 정보를 의미한다. 배우고 익히는 것을 비롯해서 판단력을 나타낸

다. 곧 복을 받으려면 지식과 정보를 많이 습득하여 바른 판단을 내려야 한다는 뜻이다. 스스로의 운명을 개발하기 위해서는 공부에 가장 비중을 두어야 한다.

공부工夫의 영역은 학문, 기술, 회화, 직업 등을 배우고 익히며 즐기는 것으로 진보 혹은 발전의 개념이면서 동시에 운명 개발을 위한 필수 덕목이기도 하다. 공부는 인생에서 맞닥뜨리게 되는 고통과 좌절에 대한 문제해결 능력을 키워 준다는 데 의미가 있다.

둘째, 한 일一은 말 그대로 '하나'라는 의미도 있지만 '큰 마음'이란 뜻도 있다. 즉 '마음자리가 크고 높아야 복을 받을 수 있다'는 의미다. 또한 '모두 일', '모을 일', '합할 일'이라는 뜻도 있어 '화합과 통합'의 의미를 가진다. 여기서는 '합한다'는 뜻의 사랑 에너지를 나타내며 관계론을 잘 형성하여 화합하고 통합하여 복을 짓는 것이 중요함을 나타낸다.

셋째, 입 구口는 '입', '구멍'을 뜻하며 음식을 공급하는 입과 말을 하는 입을 나타낸다. '말'을 뜻할 때는 긍정의 언어를 사용하여 행운을 끌어당겨야 한다는 의미다. 또 '음식'을 뜻할 때는 공존의 원리에 따라 음식의 절제가 필요하다는 것을 나타낸다. 음식을 절제하는 행위는 그 자체로도 다른 사람에게도 도움이 되므로 행운을 끌어당길 수 있다. 긍정의 언어 사용과 소식은 에너지 수준을 높이고 에너지를 정화하게 만든다.

넷째, 밭 전田은 '직업', '생산', '노동'을 뜻하며 '열심히 노력하여 활동하는 것'을 의미한다. 행운을 끌어당기기 위해서는 '직업적 활동'을 열심히 해야 한다.

이와 같이 행운을 끌어당기는 원리는 한자의 설문해자의 의미를 가지고 있다. 이것을 요약하여 정리하면 옛말에 '복을 짓는다'는 표현처럼 정성을 다해 노력하라는 의미다. '짓는다'는 동사는 '정성을 다한다'는 의미로 쓰이기 때문이다.

'짓는다'는 의미로 쓰이는 말은 대표적으로 '농사를 짓는다', '집을 짓는다', '글을 짓는다', '이름을 짓는다'라는 뜻으로 '정성을 다하는 마음'을 나타낸다. 그러므로 행운을 끌어당기고 복을 짓는 것은 '절제'와 '선행'을 통한 '공존의 원리'를 제대로 실행하는 것을 전제로 한다.

반면 불운은 행운과는 반대 의미로 에너지가 바닥이 나서 나쁜 에너지가 나타나는 현상이다. 착하게 살고 있다고 해도 에너지 수준이 낮으면 몸과 마음이 지쳐 언행을 함부로 하게 되고 그러다 보면 자연스럽게 불운을 끌어당기게 된다. 만약 에너지 수준이 높다고 해도 그 에너지가 탁하고 악하면 마찬가지로 불운을 끌어당기게 된다.

이러한 불운은 행운의 반대 개념이지만 마치 동전의 양면처럼 행운과 함께 붙어 있기 때문에 언제나 스스로 점검해야 한다. 그렇지 않으면 언제든지 불운이 닥칠 수 있다. 불운이 닥칠 때는 반드시 그 원인이 있고 그 결과로 재앙이나 질병, 사고 등을 몰고 온다. 또한 불운은 연속성을 지니고 있어 한 번 화가 발생하면 엎친 데 덮친 격으로 연달아 오는 속성이 있다. 불운의 경우 에너지 수준이 바닥에 떨어져 있는 상태에서 나타나기 때문에 극빈자의 집에는 반복적으로 화가 닥치는 것을 볼 수 있다.

복을 짓지 않고 에너지 소모만을 일삼는다면 반드시 화가 닥친다.

만약 화가 미치기 시작한다면 회피하려는 생각 대신 자신의 에너지 수준을 강화하고 덕을 쌓아야 한다.

기본적으로 화禍는 '탁한 음기淫氣'로 '음淫'의 뜻을 찾아보면 좀 더 이해가 쉬울 것이다.

음란하다, 탐하다, 지나치다, 사악하다, 도리에 어긋나다, 어지럽히다, 미혹시키다, 빠지다, 사치하다, 머무르다, 제멋대로 하다, 진실하지 못하다.

한자 사전에 나오는 '음淫'의 뜻 그대로의 에너지를 지니면 그 순간부터 불운을 끌어당기게 된다. 화를 내는 것만으로도 큰 화근禍根을 만들 수 있다. 화는 분노, 신경질, 짜증, 불만, 섭섭함, 억울함 등으로 나타나며 오래 누적된 화는 큰 화禍를 부른다.

이때는 에너지 상태를 바르게 유지하려고 노력해야 한다. 몸과 마음의 에너지 수준을높이고 바르게 운행하면 절대로 화가 침범할 수 없다.

'화를 피하고 복을 짓는다'는 것을 과학적으로 설명할 수는 없지만 관계론에서 보면 이것은 분명히 실재하는 에너지로 나타난다. 주변에서 '복이 많다'고 평가받는 사람들이 있다. 그들은 스스로 '무엇을 해도 일이 잘 풀리고 복을 누린다'고 말한다.

'복을 누린다'는 말 자체가 인간 중심의 관계론 속에서 나타나는 것으로 이는 여러 사람들과의 관계론을 잘한다는 뜻이다. 곧 덕을 많이 쌓으면 복은 저절로 만들어진다.

오랫동안 덕을 쌓은 사람들이 복을 받는다. 복 짓는 원인 없이 복을 받는 결과는 절대 나타나지 않는다. 그러므로 운명을 이야기하기 이전에 자신이 얼마나 덕을 쌓고 복을 짓고 있는가를 생각해 보라. 운명은 덕을 쌓고 복을 지으며 화를 피할 때 비로소 개발되고 만들어진다.

10만원이 3천6백만원이 되는 부의 비밀

에너지 절약 캠페인을 한 번 생각해 보자. 내용을 들여다 보면 개인이 조금만 절제하면 지역 사회 혹은 나라 차원에서 엄청난 도움이 된다는 사실을 알리고 있다. 실제 그렇다. 에너지를 가진 존재로서 인간도 예외는 아니다.

한 사람의 생명은 에너지 현상으로, 그 에너지를 어떻게 생성하고 관리하는가에 따라 많은 것이 달라진다. 그렇기 때문에 '절제'는 덕을 쌓고 복을 짓는 근원이라고 해도 과언이 아니다.

최근 미국에 살던 지인 K씨가 오랜만에 휴가차 한국을 방문했다. 나는 한눈에 그의 건강에 문제가 많음을 알 수 있었다. 상담 끝에 나는 체질적인 상기증과 장의 식적食積과 변비로 고생하는 그에게 체질 교정을 위해 절제와 소식을 하라고 조언했다.

그러고 나서 그는 불과 2주 만에 몰라볼 정도로 건강해졌고 에너지가 넘쳤다. 미국으로 돌아가는 K씨에게 나는 매일 다음과 같은 8가지 질문을 스스로에게 던져 보라고 제안했다.

- 소비 충동을 절제하면 어찌 부자가 되지 않겠는가?
- 과욕 충동을 절제하면 어찌 덕이 높아지지 않겠는가?
- 휴식 충동을 절제하면 어찌 성공하지 않겠는가?
- 오락 충동을 절제하면 어찌 독서를 하지 않겠는가?
- 수면 충동을 절제하면 어찌 근면해지지 않겠는가?
- 정욕 충동을 절제하면 어찌 열정을 지니지 않겠는가?
- 포기 충동을 절제하면 어찌 꿈을 이루지 않겠는가?
- 식욕 충동을 절제하면 어찌 복을 누리지 않겠는가?

절제의 미학은 예술이나 운동, 문장에서만 아름다운 것이 아니다. 에너지의 절제는 곧 에너지의 절약 혹은 에너지의 순환과 정화, 증폭을 의미한다. 주변에 보면 고액의 연봉을 받는데도 전셋집을 전전하는 사람이 있고 연봉이 낮은데도 비싼 고급 주택에서 사는 사람이 있다. 이는 절제의 미학이 단순히 산술적 가치가 아니라는 사실을 잘 보여 준다.

매달 소비를 절제하여 10만원씩 적금을 들어 3년 후에 원금 360만원을 모은다면 그것은 산술적으로는 큰돈이 아닐 수 있다. 그러나 돈의 에너지를 유인하는 힘은 기하학적이기 때문에 360만원은 크게는 3,600만원으로 끌어올 수 있는 원동력이 된다. 즉 3,600만원을 적금한 것과 같은 에너지 효과를 나중에 복으로 받게 된다.

다른 절제도 마찬가지다. 산술적으로 단지 하루로 계산하는 대신 10년 단위로 계산해 보면 엄청난 에너지를 느낄 수 있다. 하루 한 시간의 독서 시간을 10년 단위로 계산해 보면 3,650시간에 해당되는 독서로 폭넓은 지식을 얻을 수 있다. 절제의 미학이 행운을 끌어당기는 원리가 이러하다. 절제하는 자세가 습관이 되어 긍정의 에너지를 받게 한다.

소식은 부자 에너지를 끌어당긴다

음식은 인간의 활동을 비롯한 모든 활동 에너지의 원천이다. 인간 생명의 근본은 음식으로 유지되며, 아무리 좋은 식품이나 불로초도 음식을 먹지 않는다면 무용지물이다. 음식을 바탕으로 에너지가 만들어지며 에너지의 순환이 이루어진다.

따라서 음식은 한 개인의 운명과 직접적인 관계를 맺는다. 운명을 다른 말로 운기運氣라고도 하는데, 운運은 순환을 의미하며 기氣는 에너지로서 에너지의 순환을 의미하기 때문에 음식과 깊은 연관이 있다. 한 인간의 에너지 순환은 우주 에너지와 통하기 때문에 운명에 엄청난 변화를 가져온다.

유전적 질병을 제외한 모든 병의 원인이 대부분 음식에서 비롯된다는 사실만 보아도 알 수 있다. 실제 체질적으로 80퍼센트 이상의 질병은 음식과 관련이 있고 그렇기 때문에 음식으로 치유할 수 있다는 전제가 성립될 수 있다. 음식은 에너지의 원천으로 어떻게 먹느냐에 따라 운명을 변화시키는 최고의 방법이 되기도 한다. 음식과 운명을 관계론으로 나누면 다음 3가지 범주로 구분할 수 있다.

첫 번째, 음식의 절제와 부자 에너지다. 음식은 외부의 물질이 내부로 공급되는 것이기 때문에 절제를 통해 몸이 안정적으로 에너지를 공급받도록 한다. 음식을 절제하지 못하고 과식을 하게 되면 몸은 엄청난 부담을 느끼게 되고 몸속의 혈액은 탁해진다.

몸이 최적의 상태를 유지하기 위한 최고의 음식 섭취법은 '소식'이다. 소식은 에너지 수준을 높이고 혈액을 맑게 하며 에너지 순환을 최적화하기 때문이다. 달리 표현하면 소식을 하면 건강은 물론이고 부자 에너지가 강화되어 운명을 주도적으로 개발할 수 있게 된다.

세계적인 장수촌의 비결이 소식 때문이라는 연구 결과가 있었다. 부자들의 식습관을 살펴보면 그들 대부분은 소식을 한다. 과식을 하게 되면 에너지 순환이 막혀 체내 노폐물 축적과 비만뿐만 아니라 각종 성인병을 유발한다.

반면 3일 정도만 소식을 하면 에너지 순환이 달라진다고 한다. 절제로부터 운명이 변화되기 시작하며, 음식의 절제는 그 자체가 변화를 촉진한다는 사실을 기억하자! 그럼 이제 음식을 절제하는 4가지 요령을 살펴보자.

1. 주식을 절제한다. 밥과 반찬을 위주로 한 음식에서 소식한다.
2. 음료수를 절제한다. 콜라나 커피, 탄산수를 비롯한 음료를 절제한다.
3. 술과 담배를 절제한다. 술을 절제하면 약주가 되고 담배를 절제하면 기호품이 된다. 그러나 담배는 될 수 있으면 끊는 것이 좋다.
4. 군것질을 절제한다. 주식을 아무리 줄여도 군것질을 많이 하게 되면 절제하는 것이 아니므로 주의한다.

이상의 4가지 절제 요령만 실천하면 부자 에너지가 강화되는 것은 물론이고, 소식만으로 생길 수 있는 경제적 혜택도 무궁무진하다.

먼저 식비 지출을 줄임으로써 저축을 늘릴 수 있고, 건강 관리를 잘함으로써 건강식품이나 약값 또한 줄일 수 있다. 또 몸과 마음이 맑아지기 때문에 대인 관계가 좋아지고 에너지 순환이 잘됨으로써 주도적으로 운명을 개발할 수 있다. 이렇게 하다 보면 빠르게 부자 에너지를 강화하게 되는 것은 너무나 당연하다.

두 번째, 소식小食은 음식과 인체 에너지를 위한 균형을 잡아 준다. 인체는 균형적으로 음식을 받아들이고 최적의 상태를 유지해야 한다. 그렇게 하기 위해서는 소식小食으로 음식을 절제하는 것이 바람직하다. 육식, 채식, 해산물이 균형을 이루어야 하고 맛보다는 질의 균형을 잡아야 한다.

육식을 좋아하는 사람이 있다고 가정해 보자. 그가 아무리 육식을 좋아한다고 해도 계속 육식만 즐긴다면 금방 몸의 균형은 깨지고 만다. 결국 에너지 순환이 막히면서 관계론이 파괴되기 쉽다. 이러한 사실은 과다한 육식 섭취가 아이들을 폭력적으로 만든다는 연구 결과를 보아도 쉽게 알 수 있다. 실제 육식, 채식, 해산물의 과다 섭취의 폐해는 많다. 따라서 음식의 균형을 유지하기 위해서는 다음 방법을 실생활에서 실천하라.

1. 과식이나 폭식을 삼간다. 과식과 폭식은 몸의 균형은 깨며 이상 증세를 유발할 수 있다.
2. 규칙적으로 식사한다. 식사 시간이 규칙적으로 정해져야 몸의

균형이 유지된다. 소식을 하되 식사 시간은 엄격하게 지켜야 인체의 에너지가 안정이 된다.

3. 맛있는 음식만 고집하지 않는다. 음식은 맛이 있어야 하지만 맛있는 음식만 편식하면 소화계 질환뿐 아니라 에너지 균형이 파괴되기 쉽다. 맛보다 질을 우선해야 에너지를 강화할 수 있다.

4. 식욕에 영향을 받지 않는다. 식욕이 없으면 음식을 섭취하지 말아야 하고 식욕이 넘쳐도 소식을 한다. 식욕이 없다는 것은 몸의 이상 혹은 몸의 휴식을 뜻한다. 늘 일정한 양의 음식을 먹어야 몸의 균형을 유지할 수 있으며 운명을 변화시킬 수 있다.

5. 소화기관을 보호한다. 소화기는 음식의 섭취와 배설을 관장하는 것으로 현대인의 성인병 가운데 80퍼센트 이상이 과식을 비롯한 음식물이 원인이다. 그렇기 때문에 소식을 하는 것만으로도 성인병이 예방하고 건강을 지킬 수 있다.

소식은 이미 세계적으로 검증된 건강법이고 실제로 인체의 에너지 균형을 잡아주며 에너지 순환, 즉 운세를 좋게 하여 운명을 변화시키는 매우 효과적인 방법이다.

세 번째, 음식과 공존의 관계론으로서 덕 쌓기다. 관계론으로 볼 때 소식과 절제는 덕을 쌓는 행위다. 예를 들면 상대로부터 접대 받는 상황에서 소박한 음식을 선택해서 소식을 하면 상대방의 비용 부담을 줄이는 것으로도 덕을 쌓을 수 있다. 또한 소식의 특성상 천천히 먹게 되며 음식 맛보다는 사람의 향기에 집중함으로써 자연스럽게 관계론도 좋아진다.

넓게 보면 기아에 허덕이는 사람들에게 음식이 돌아갈 수 있는 덕을 쌓음으로써 복을 짓게 된다. 공존의 원리가 최고로 실현되는 것이 식량 문제다. 지금도 세계는 기아에 허덕이고 있고 앞으로 점차 식량 문제가 가속화될 것이기 때문에 이런 차원에서도 소식과 절제는 매우 중요한 의미를 지닌다.

운명 개발의 선행 조건,
에너지를 정화하라

❊ '운명은 나로 말미암아 만들어지는 것이고, 복은 자기에게서 구하는 것이다.'
곧 운명은 정해져 있는 것이 아니라 나로부터 비롯된다.

끌어당김의 법칙

'운명은 나로 말미암아 만들어지는 것이고, 복은 자기에게서 구하는 것이다命由我作, 福自己求.'

사서삼경 중 하나인 《시경》에 나오는 구절이다. 운명은 정해져 있는 것이 아니라 나로부터 비롯된다는 것은 큰 의미가 있다. 사주나 관상에 아무리 보잘것없는 선천적 에너지로 나와 있다고 해도 그것 자체가 운명이 될 수는 없다. 설령 노숙자나 범죄자의 에너지를 타고 났다 해도 마찬가지다. 자신이 운명을 변화시키려는 노력을 하고 덕을 쌓고 복을 지으면 절대로 나쁜 운이 침투할 수 없다.

운명은 스스로 개척해 가는 것으로 개인의 노력이 가장 중요하다. 만약 박복한 운명을 타고났더라도 덕을 쌓고 복을 지어 자기혁신을 이룬다면 언제든지 운명을 바꿀 수 있다.

힘써 덕을 쌓고 상대의 단점을 포용하며 사람을 온화하게 품고 사랑 에너지를 발산하라. 그러면 스스로 덕을 쌓고 복을 구하는 만큼 행운을 끌어당기게 될 것이다. 내면의 에너지를 정화하여 사랑 에너지를 발산하며 꿈과 목표를 위해 노력하면 반드시 그렇게 된다.

앞서 언급한 바 있듯 '에너지의 순환'이 '운명'이라는 전제는 자신이 원하는 것을 이루기 위해서는 반드시 에너지 정화가 선행되어야 함을 의미한다. 혈액 순환이 잘되게 하려면 먼저 피를 맑게 해야 하는 이치와 같다.

내면의 에너지 정화를 위해서는 선행을 하는 것이 가장 효과적이며 빠른 방법이다. 선행은 상대방을 도울 뿐만 아니라 에너지의 정화로 자신의 기분이 좋아지고 정신이 순화되는 작용을 한다. 타인을 위한 선행 이전에 자신의 기쁨과 즐거움을 위한 것이라고 생각하면 자연스럽게 에너지가 정화된다. 관계론에 따른 내면의 에너지 정화에는 크게 4가지 방법이 있다.

첫째, 선행을 한다. 선행이란 남을 돕거나 남을 위해 봉사와 헌신하는 것을 말한다. 선행을 하게 되면 즉시 기분이 좋아지고 에너지가 정화된다.

둘째, 악행을 피한다. 양심에 거리끼는 일이 있다면 절대로 하지 말아야 한다. 도덕적 기준에 비추어 나쁜 행동이라면 절대로 하지 말아야 하며 기분이 나쁜 행동이라면 선행이라도 하지 않는 것이 좋다. 남을 속이거나 피해를 주는 악행을 하면 즉시 에너지가 탁해진다.

셋째, 수치심, 경외심, 용맹심, 결심을 갖추고 잘못을 바로 잡는다. 먼저 스스로 수치심이 느껴지는 행위에 대해서는 즉시 바로 잡아야 한다. 또한 에너지를 정화하고 높이는 것으로 경외심을 가져야 하며 행동을 일으킬 수 있도록 용맹심을 지녀야 한다. 용맹심은 에너지를 높여 실행하는 것이다. 마지막으로 결심은 악행을 하지 않고 선행을 하겠다는 굳은 결심으로 반드시 자신과의 약속을 지킬 것을 스스로 약속하는 것이다.

넷째, 감칭인사, 미용감사, 존칭신사로 자신의 마음을 정화한다. 감칭인사, 미용감사, 존칭신사에 대해서는 앞서 '화해와 친화를 위한 마음 사용법'에서 밝혔듯이 에너지 정화에 반드시 필요하다.

다섯째, 매순간 기도한다. 관계론에서 에너지 정화는 물론이고 에너지를 증폭하는 데 가장 중요한 것이 기도다. 자신만을 위한 기도가 아니라 관계론을 적용해서 기도를 하면 응답이 훨씬 빠르다. 소망을 들어줄 가장 강력한 에너지를 지닌 단 한 사람만 만나도 운명은 달라진다.

이상과 같이 에너지를 정화하면 행운을 끌어당겨 운명의 변화를 이끌어낼 수 있다. 관계론에서 보면 이것은 선택 사항이 아니고 반드시 행해야 할 필수덕목이기도 하다.

몇 년 전 강원도에 엄청난 폭우가 내려 심각한 피해가 났던 적이 있다. 평소 가깝게 지내던 K회장이 며칠 간 연락이 되지 않았다. 며칠 후 연락이 닿아 그간 행방을 묻자 강원도에 가서 구호물자를 나눠주고 왔다고 했다. 왜 남 모르게 다녀왔냐는 내 물음에 그는 다음과 같이 대답했다.

"누군가를 도와줄 때 이름을 밝히고 자신을 드러내면 선행이나 봉사가 공명심으로 전환되어 나타납니다. 이름을 알리자고 한 행동이 아니기 때문에 모르게 한 것입니다."

나는 K회장 이외에도 덕을 쌓고 복을 짓는 사람들을 많이 보았고 반대로 복을 파괴하여 화를 불러 망하는 사람들도 많이 보았다.

행운과 불운의 경계선은 바로 자기 자신이다. 자신이 어떻게 복을 짓고 화를 피하는가에 따라 운명은 달라진다. K회장의 경우 복을 받기 위해 어려운 사람을 도운 것이 아니라 순수한 측은지심에서 선행을 베푼 것이다. 이 일 때문인지 그로부터 얼마 지나지 않아 헐값에 인수한 회사가 알짜배기 회사로 알려지면서 K회장은 많은 부를 축적할 수 있었다.

사실 복을 짓는 행위는 말처럼 쉽지 않다. 그러나 억지로라도 복을 지으려고 시도해 보라! 처음에는 그것이 인위적일지 몰라도 시간이 지나다 보면 베푸는 마음을 통해 옹졸한 마음이 열리면서 진정한 선행을 할 수 있게 된다. 불교의 보시나 기독교의 봉사는 이런 의미에서 행해진 것이다. 아무리 가난한 사람일지라도 베푸는 여유를 가질 때 그 틈으로 행운이 들어와 가난에서 벗어날 수 있게 된다.

마음 사용법을 제대로 활용하는 것도 한 방법이다. 평소 만나는 사람을 귀하게 여기고 감사하는 마음을 가질 때 그것이 행운이 되어 자신에게 돌아온다. 모든 선행은 남에게 베푼 것이 아니라 결국 자기 자신이 다시 받게 되어 있다. 따라서 내면의 에너지를 정화하게 되면 덕을 쌓고 복을 지음으로써 자신은 물론이고 주변 사람들에게도 복을 나눠 주게 된다.

기억의 삭제와
새로운 운명의 탄생

❈ 육체의 탄생은 부모의 몸에서 비롯되지만, 진정한 의미에서 운명의 탄생은
내면의 에너지를 일깨우는 '자각'을 중심으로 이루어진다.

꿈을 이루게 해주는 마법의 주문

운명은 태어나면서 정해지는 것이 아니라 인간의 내면에 존재한다. 한 사람의 내면에서 정해지는 운명은 기억에 의해 재생되며 에너지로 나타나기 때문에 얼마든지 변화가 가능하다.

그러나 인간의 삶은 어제와 오늘 그리고 내일이라는 3일의 리듬으로 기억에 의해 에너지가 반복됨으로써 문제가 발생한다. 기억에 의한 습관적 반복은 변화를 가로막으며 운명 개발의 최대 걸림돌이 된다. 자신이 만든 기억 프로그램이 반복을 지속할 때 결코 변화는 이루어질 수 없다. 이런 의미에서 과거의 기억은 운명의 또 다른 이름이다.

관계론에서 보면 한 사람의 기억이 얼마나 오랫동안 습관적인 반복을 계속하는지 분명하게 알 수 있다. 예를 들면 나쁜 관계로 인해

갈등을 겪거나 고통 속에서 허우적거리는 사람들은 대개 기억의 포로가 되어 과거에 산다. 그들은 과거의 기억으로 인해 현재와 미래까지 불행하게 만든다. 기억이 운명의 주체가 되어 버린 것이다.

각종 심리학적 질병, 마음의 상처, 자신이 만들어낸 징크스 등은 모두 기억에 의해서 반복적으로 나타난다. 이뿐만 아니라 기억은 보통 사람들에게도 나쁜 영향을 미치기 쉽다. 기억에 의해 반복이 일어나며 변화를 거부하는 것 자체가 성장과 발전에 장애가 된다.

그렇다면 프로그램화된 기억에서 벗어나 새로운 변화를 받아들이는 방법에는 어떤 것이 있을까? 가장 효과적인 방법으로 기억을 삭제하는 것이 있다. 관계론을 새롭게 형성하고 에너지 수준을 높이려면 가장 먼저 과거의 나쁜 기억을 없애야 한다.

나쁜 기억은 그 자체가 에너지의 침체를 의미하기 때문에 그 상태를 반복하는 것은 불운을 초래할 수밖에 없다. 예를 들면 좌절과 실패의 기억으로부터 벗어나지 못하는 사람이 성공을 이룰 수 없는 것과 같다.

나쁜 기억의 재생은 불운을 끌어당긴다. 특히 실패의 기억이 반복되면 현재와 미래까지 이어진다. 실패가 성공의 밑거름이 되게 하려면 그 기억은 삭제하고 학습 효과만 남겨 두는 것이 좋다.

성공한 사람들을 잘 관찰해 보면 그들은 좌절과 실패의 기억에서 교훈으로 삼을 만한 점을 찾아낸 후에는 기억을 과감히 삭제한다. 더 이상 기억의 쳇바퀴에 속박이 되지 않기 위해서다.

따라서 기억의 삭제는 새로운 운명의 탄생을 위해 반드시 필요한 과정이다. 기억의 삭제가 필요한 이유를 살펴보면 크게 3가지로 구분할 수 있다.

첫째, 기억의 반복은 에너지의 수준을 정체시키며 현실에 안주하게 한다. 과거의 나쁜 기억이 있다면 그것으로 인해 현재의 상황은 늘 유사한 패턴으로 반복될 수 있기 때문이다. 그렇게 되면 나쁜 기억은 현실 속에서 재생이 되며 반복적으로 나타나 에너지의 침체를 몰고 온다.

둘째, 기억의 반복은 에너지의 순환이나 정화를 가로막아 변화를 거부하도록 만든다. 과거의 악몽 때문에 지금도 고통 받는 사람들이 많다. 한때의 치명적인 실수로 나머지 인생을 그 기억을 반추하며 무너지는 경우도 있다. 기억이 추억이 될 때는 아름답지만 현실에서 재현이 될 때는 불운을 초래한다. 더구나 기억의 반복적 재생은 에너지의 변화를 거부하게 만들기 때문에 발전보다는 퇴보를 부른다.

셋째, 자신의 모습을 과거에 고정시켜 새로운 탄생을 가로막는다. 미래의 자화상은 끊임없이 변화하고 발전할 수 있는데도 기억은 자화상을 고정시켜 버린다. 그렇게 되면 자신의 모습을 발전시킬 수 없게 되고 결국 퇴보할 수밖에 없다. 따라서 새로운 기억에 의해 자신의 모습을 이상적으로 변화할 수 있도록 수용하려는 노력이 필요하다.

이와 같이 기억은 내면의 상태와 에너지 수준을 고정시키거나 변화를 거부하게 하는 힘이 있다. 따라서 기억의 삭제 없이는 과거에서 벗어나 현재에서 미래로 가는 길을 찾기가 힘들다. 과거라는 뒤만 보고 있으면 현재의 앞길에 장애를 느끼게 되는 것처럼 기억이 지배하는 한, 발전적인 미래는 기대할 수 없다. 부와 성공을 통해 행운을 끌어당기고 싶다면 불필요한 기억을 삭제하라. 기억을 삭제하기 위해서는 다음의 3가지 방법을 실행해 보자.

첫째, 과거의 기억을 청산한다. 원한다고 기억이 삭제되는 것은 아니다. 잘못에 대한 반성, 정화, 변화의 과정을 통해 새로운 자신의 프로그램을 입력할 때 가능하다.

둘째, 에너지 수준을 강화한다. 이것은 기억의 재생이 에너지 상태를 고정시키거나 침체시키는 일이 없도록 반드시 수반되어야 한다. 에너지 수준이 낮은 사람일수록 기억 속에서 살아가는 경우가 많다. 이런 경우 가장 먼저 에너지 수준을 높이고 적극적으로 변화를 추구한다.

셋째, 부정적인 자아상에 대한 기억은 삭제하고 새로운 자아상을 입력한다. 과거에 어떤 좌절과 실패를 경험했거나 큰 잘못을 저질렀다고 해도 그 기억이 현재에까지 영향을 미치도록 내버려 두지 마라. 내면의 힘은 진정한 자신을 찾을 때 비로소 발생하기 때문이다.

기억을 삭제하기 전에 가장 먼저 해야 할 일은 자신에 대한 사랑 에너지를 강화하는 것이다. 스스로에 대한 사랑 에너지가 강화되면 자신에 대한 사랑이 흘러넘쳐 주변 사람들에게까지 영향을 미치게 되고 결국 자신을 중심으로 새로운 운명이 탄생하게 된다.

관계론으로 보면 나쁜 기억의 삭제는 자아와 대상 사이에서 반복적으로 일어나는 바람직하지 못한 경험을 없앨 수 있고 새로운 가능성을 던져 준다.

누구도 함부로 할 수 없는 자기 확신, 즉 스스로를 절대적으로 믿고 무조건적으로 사랑할 수만 있다면 분명 새로운 운명을 맞이하게 될 것이다.

중요한 것은 지금 당장 시작해야 한다는 사실이다. 그것은 상상하는 것보다 어렵지 않다. 나쁜 기억을 삭제하고 진정한 자기 확신을 갖으며 모든 문제를 오로지 자신의 주도하에 찾고 해결해나가겠다는 마음가짐만 있다면 가능하다.

운명은 외부의 대상에 관한 규정이나 계획보다 내면의 기억, 믿음, 에너지 변화로 바뀔 수 있기 때문에 한순간의 마음가짐으로 얼마든지 개발될 수 있다. 곧 자신의 에너지를 순환시키고 정화하며 나쁜 기억을 삭제하고 새로운 기억의 프로그램을 입력하는 것 자체가 곧 운명 개발이 된다.

육체의 탄생은 부모의 몸에서 비롯되지만, 진정한 의미에서 운명의 탄생은 내면의 에너지를 일깨우는 '자각'을 중심으로 이루어진다. 그 순간 변화를 일깨울 수 있고 곧 운명 개발이 시작될 것이다!

관계론의 비밀 ⑦

공존의 원리_
사랑 에너지와 행복한 공존

──────── 사랑 에너지는 행복한 공존을 위한 관계론에서 가장 강력한 힘을 불러일으킨다. 단순히 화합과 친밀감을 나타내는 것 이상으로 에너지의 작용력을 지니며 관계론에서 실질적인 힘을 나타낸다. 사랑 에너지와 반대되는 고독과 고립 등과 같은 에너지를 보면 이러한 사실을 잘 확인할 수 있다.

이러한 감정은 관계를 단절시키고 육체적으로는 병의 위험을 증가시키며 정신적으로는 사람을 피폐하게 만든다. 또한 건강에 나쁜 영향을 미치는 음주, 흡연, 과식 같은 습관에 빠져들 위험성을 증가시키고 행복한 생활방식을 선택할 가능성을 감소시킨다.

행복한 공존을 위해 사랑 에너지가 필수적인 것은 과학적 연구로도 이미 밝혀졌다. 사랑이 인간 관계에 미치는 불가분의 치유력과 에너지는 전 세계에서 수십만 명을 대상으로 한 연구에서 입증되었다.

예일 대학교에서 관상동맥 성형 수술을 받은 119명의 남자와 40명의 여자를 대상으로 관상동맥 블록 정도를 보여 주는 혈관 사진 촬영 연구를 했는데, 그 결과 평소 자신이 사랑과 관심을 많이 받는다고 생각한 사람들이 실제 심장동맥의 블록도 적었다.

즉 환자들의 인간관계의 폭보다 실제로 자신이 사랑받고 있다고 느끼는 감정이 관상동맥 상태를 예측하는 기준이 된다는 사실을 알 수 있다. 다른 위험 요인들인 흡연, 음주, 운동, 콜레스테롤, 유전적인 특질 등과는 상관없이 스스로 사랑받는다는

253
252

느낌이 중요하다는 사실을 발견한 것이다.

스웨덴에서 131명의 여성을 대상으로 한 연구에서 전산화 단층촬영법으로 관상동맥 사진을 검토한 결과도 마찬가지다. 주변 사람들과 깊은 유대 관계를 맺는 사람들이 관상동맥 블록이 더 적다는 사실을 발견한 것이다. 이외의 다양한 실험에서도 이와 유사한 결과가 나왔다.

"당신의 아내는 당신에게 사랑을 표현합니까?"라는 간단한 질문에 "그렇다."라고 대답한 사람들은 특정 질병의 위험 요인의 정도가 높아도 건강 상태가 양호했다. 반면에 "내 아내는 나를 사랑하지 않는다."라고 대답한 남자들은 아내가 사랑과 관심을 표현한다고 대답한 사람들보다 거의 3배나 특정 질병에 걸릴 위험성이 높았다.

사랑에 대한 이러한 과학적 연구들은 무엇을 의미할까? 사랑이 인체의 면역시스템이나 신경호르몬 분비에 깊이 연관되어 있다는 사실뿐 아니라 에너지로서 실제 작용력을 가지고 있음을 뜻한다.

따라서 사랑 에너지를 실체로 받아들이는 자세와 태도가 행복한 공존을 위해 반드시 필요하다. 사랑, 화합, 친밀감을 증가시키는 것은 건강뿐 아니라 관계론에서도 강력한 에너지 작용을 한다.

이와 반대로 고독, 고립, 소외, 상실, 적의, 분노, 냉소, 절망, 부정의식 등의 감정은 고통, 질병, 실패를 유발하며 관계론을 파괴한다. 따라서 행복한 공존을 위해서는 반드시 사랑, 화합, 친밀감을 드러내는 에너지를 최고로 발산해야 한다.

당신이 발산하는 사랑 에너지가 아무리 적은 양일지라도 상대방을 위하는 마음이 담겨 있다면 그 에너지는 당신과 당신의 주변 사람들에게 직접적으로 영향을 미친다. 즉 아주 작고 사소한 에너지일지라도 상대방을 위하는 마음과 세상을 위하는 마음으로 발산했을 경우 반드시 우주의 모든 생명체들에게 그 영향력이 전달된다.

당신이 그러한 마음으로 살아갈 때 우주와 신들은 반드시 그 영향을 받게 되고,

또한 그 위대한 에너지는 어떠한 형태로든지 당신에게 되돌아온다는 사실을 항상 기억하라! 그리고 당신의 미래가 밝고 활기차기를 원한다면 지금 당장 사랑 에너지를 발산하라!

관계론의 비밀을 풀면 성공이 보인다!

인생에서 풀기 어려운 문제에 직면해 있다는 것은 동시에 행운이 다가오고 있다는 의미이기도 하다. 인체는 신비하게도 에너지가 증폭되어 한 단계 상승할 때마다 반드시 그 수준에 맞는 숙제를 끌어온다.

나는 어려운 숙제와 마주할 때마다 그것을 장애라고 생각하기보다는 에너지 상승 단계로 생각하며 최선을 다해 풀어 보려고 노력했다. 또한 사주학을 공부할 수 있게 된 인연에 대해 언제나 큰 행운이라 생각했다. 왜냐하면 사주학의 기본 원리를 통해 에너지론과 관계론의 원리를 터득할 수 있었으며, 우주의 이치에 따른 삶의 유용한 지혜를 얻을 수 있었기 때문이다.

사주학은 동양 철학의 맥을 타고 흐르는 인류의 문화유산으로서 활용 가치가 무한하다. 사주는 한 개인의 탄생 시점에 부여받은 우주 에너지로 이것은 체질로 나타난다. 또한 체질은 개인의 성격, 적성,

에너지 수준으로 드러난다. 이 책에는 사주 원리를 바탕으로 내가 평생에 걸쳐 연구해 온 개인의 체질, 에너지 수준을 활용하여 개인의 운명 개발에 응용할 수 있는 원리가 고스란히 담겨 있다.

최근 하버드 대학에서도 음양오행 사상과 사주학을 학문적으로 연구하고 있다고 한다. 이러한 사실만 보더라도 사주학은 분명한 논리 체계와 과학의 원리가 담긴 영역으로 미래의 실용 학문으로 발전 가능성이 높다는 사실을 알 수 있다. 또한 인간의 정신과 육체의 관계에 대해 사주학만큼 명쾌하게 풀어낸 학문이 아직 없다는 뜻이기도 하다.

심리학의 기초가 되는 사주학의 체질론과 에너지론도 마찬가지다. 체질론과 에너지론, 이 두 분야는 사주학의 운세, 즉 에너지의 흐름을 규명하여 최초의 개인 맞춤형 운명 개발의 기초가 되는 영역으로 체질과 에너지 수준을 높임으로써 얼마든지 개인의 운명을 변화시킬 수 있다는 사실을 보여 주고 있다.

이러한 많은 유용성에도 불구하고 아직까지 사주에는 미아리 고개에 방치되어 미신, 잡술 정도로 인식되는 등 겉으로는 부정하고 드러내기를 꺼려하면서도 내면적으로는 인정하고 궁금해 하는 문화가 깔려 있다. 이런 뿌리 깊은 이면문화에서 벗어나지 못하는 한 앞으로도 사주가 학문으로 인정받기는 요원하다.

전 세계적으로 운세 시장은 급속도로 성장하고 있으며 우리나라 운세 시장도 예외는 아니다. 2008년 현재, 대한역술인협회 자체 조사에 따르면 운세 시장 종사자는 약 50만 명에 이르고 운세 시장의 총 매출 규모는 약 4조원으로 추산하고 있다. 이는 애완동물 시장,

복권 시장을 능가하는 규모다.

이 조사 결과가 잘 보여 주듯이 21세기 디지털 시대에도 여전히 많은 사람들은 자신의 운명을 적극적으로 개척하기보다는 운명론에 기대어 살아가고 있으니 안타까울 뿐이다.

수천 년간 동양 철학 속에 면면히 흘러온 사주가 하루 빨리 과학적 검증을 통해 실용 학문으로 전환되기를 바란다. 실제 사주학은 전문적인 연구를 통해 미래의 경영학, 심리학, 한의학, 교육학 등에서 응용 가능한 학문이다.

특히 이 책에서 주요한 화두로 삼고 있는, 사주 원리를 이용한 관계론은 기존의 운명 결정론을 넘어서 사고의 패러다임을 바꾸는 새로운 이론이라 할 수 있다. 이는 사주의 운세론을 에너지론으로 전환시켜 개인의 체질, 성격, 적성 등을 정확하게 파악할 수 있도록 돕는다.

사주 관계론이 미래의 새로운 희망이 될 수 있는 또 다른 이유는 물질 중심에서 인간 중심으로의 가치 전환을 들 수 있다. 1990년대 이후부터 지금까지 부자 마인드 서적을 보면 대부분 물질적 부의 창조를 최고의 가치로 꼽고 있다. 과연 부자들처럼 생각하고 행동한다면 모든 사람이 부자가 될 수 있을까? 그리고 그것이 모든 인간이 추구하는 진정한 행복일까?

이쯤에서 나는 독자들에게 진정한 부자란 무엇인가를 묻고 싶다. 나는 인간 존재 가치를 소중하게 여기고 덕을 쌓아 공존하는 것이야말로 인생의 진정한 성공이요, 부자의 길이라고 생각한다.

진정한 부자는 덕을 쌓고 복을 지으며 사랑과 행복 에너지를 통해 물질과 정신 사이에 조화와 균형을 이뤄 부자 에너지를 실현한 사람들이다.

이 책에는 부를 이루고 성공을 거머쥐게 하는 비밀이 담겨 있다. 만약 진정한 부자가 되어 행복한 삶을 살고 싶다면 이 책에서 제시한 관계론의 원리를 적극적으로 실천해 보라. 이 방법이야말로 수많은 자기계발서에서 말하는 그 어떤 이론보다 효과적인 방법임을 깨닫게 될 것이다.

관계론을 실천하다 보면 주어진 운명을 수동적으로 받아들이는 태도에서 벗어나 자신이야말로 진정한 인생의 주인공이 되어 운명을 새롭게 개척해 나가게 될 것이다.

이 책에서 말하는 '운명Fortune'이란 키워드는 에너지론으로, 우리로 하여금 새로운 사고 전환을 촉구한다. 오늘날처럼 한치 앞을 내다볼 수 없는 불확실 시대에 개인의 운명은 언제나 불안할 수밖에 없고 그 어디에서도 안전지대를 찾을 수 없다.

개인이나 조직이 자신의 분야에서 성공적으로 살아남기 위해서는 뼈를 깎는 노력이 필요하며 생존을 위해 적극적으로 운명을 개발할 필요가 있다.

이런 이유로 과거 어느 때보다 운세 예측이나 운명 개발의 관점에서 사주학의 원리를 활용해야 할 당위성이 높아졌다. 즉 지금이야말로 운명 결정론이 아닌 운명 창조의 노하우로 운세, 즉 좋은 에너지 흐름을 만들어 가는 구체적인 실천을 해야 할 때라 하겠다. 다음은 일상생활에서 쉽게 실천할 수 있는 4가지 운명 개발 원리다.

관계론의 첫째 원리는 '사랑'이다. 힘들 때는 가족이 희망이고 지칠 때는 선배와 동료의 격려가 힘이 되는 공존의 에너지가 무엇보다도 필요하다. 우리나라가 환란 때마다 꺾이지 않고 살아남을 수 있었던 것도 바로 공존의 에너지 덕분이 아니었던가.

둘째 원리는 '덕'을 쌓는 것이다. 덕을 베풀면 행운을 끌어당기고 불운은 자연스럽게 피할 수 있다. 특히 제7장의 주요한 덕목들은 단순한 원리가 아니라 이미 현실에서 그 효과를 검증한 것들임을 밝혀 둔다.

셋째 원리는 '소식'을 실천하는 것이다. 소식만으로도 즉각적으로 정신이 맑아지고 에너지 순환이 잘된다는 사실을 느끼게 될 것이다.

넷째 원리는 아무런 대가 없이 상대방에게 먼저 작은 '배려와 선행'을 실천해 보는 것이다. 그러면 에너지가 정화될 뿐만 아니라 반드시 보답을 받게 될 것이다.

운명은 타고난 것이 아니라 관계를 통한 선택일 뿐이다. 지금까지 당신이 운명론자였다면 이 책이 당신의 기존의 생각을 완전히 바꿔주고 당신의 인생을 변화시켜 줄 것이다.

관계론은 자신만의 신천지를 찾아내게 하는 '개인 맞춤형 운명 로드맵'이라 할 수 있다. 자신의 생각만으로는 찾지 못하는 운명의 영역을 동양 철학의 지혜인 사주의 원리에 기초한 사주 관계론에서 찾도록 도와줄 것이다.

끝으로 관계론의 기본 원리인 공존의 원리를 다시 한 번 강조하고 싶다. 공존이란 나눌수록 커지는 우주의 법칙이다. 이것이야말로 전 인류가 앞으로 지향해야 할 가치이자 너와 내가 함께 행복해질 수 있는 부와 성공의 비밀이다.

이 책을 통해 많은 독자들이 운명론의 암시에서 벗어나 그동안 소원했던 주변 관계들을 회복하길 바라며 더 나아가 인생이란 대지 위에 자신만의 행복을 당당하게 꽃 피우기를 간절히 바란다.

THE FORTUNE
행운을 끌어당기는 관계론의 비밀

백승헌 지음

발행일 초판 1쇄 2009년 3월 10일
　　　　 초판 2쇄 2014년 11월 27일
발행처 평단문화사
발행인 최석두

등록번호 제1-765호 / 등록일 1988년 7월 6일
주소 서울시 마포구 서교동 480-9 에이스빌딩 3층
전화번호 (02)325-8144(代) FAX (02)325-8143
ISBN 978-89-7343-297-4 03320

ⓒ 백승헌, 2009

이 도서의 국립중앙도서관 출판시도서목록(CIP)은 e-CIP 홈페이지
(http://www.nl.go.kr/cip.php)에서 이용하실 수 있습니다.

(CIP제어번호 : CIP2009000553)

저희는 매출액의 2%를 불우이웃돕기에 사용하고 있습니다.